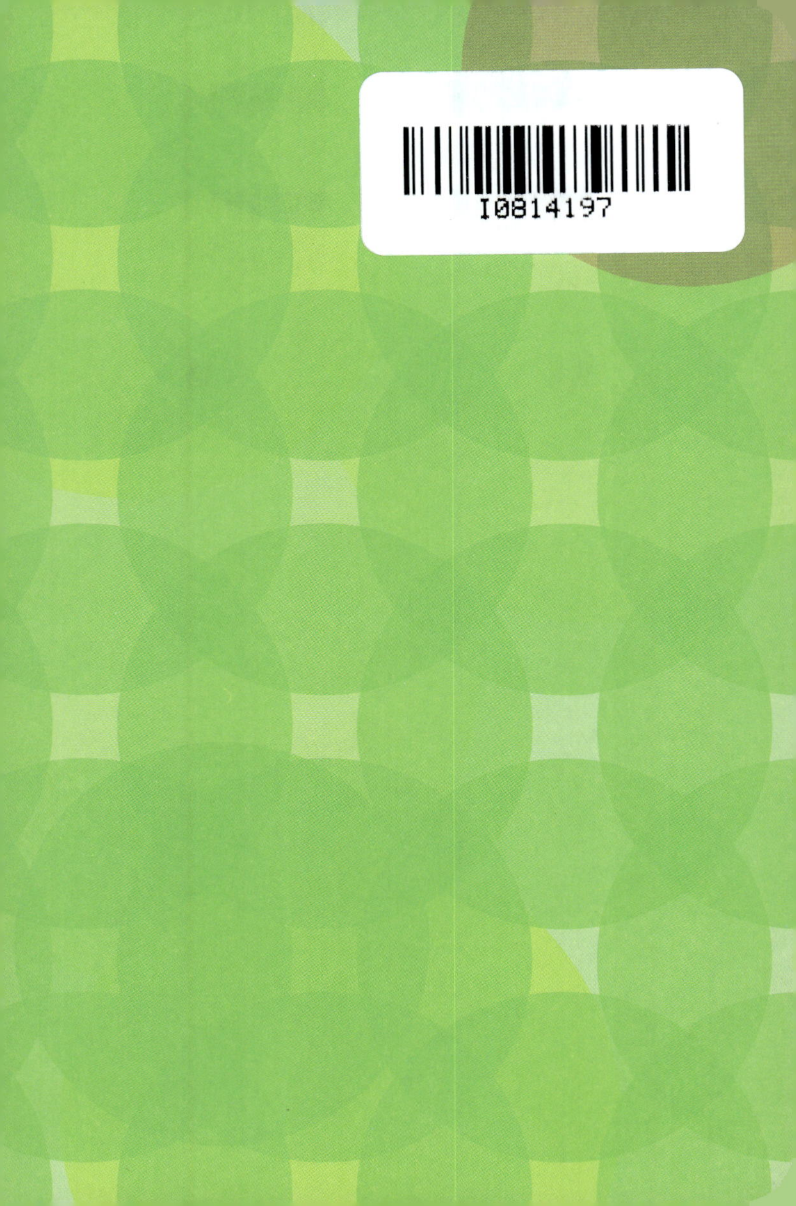
I0814197

BroadStreet
ESPAÑOL

BroadStreet Español
Savage, Minnesota, E.U.A.
BroadStreet Español es una marca editorial de BroadStreet Publishing Group, LLC
BroadStreetPublishing.com

Mi tiempo con Dios para niños

978-1-4245-6362-3 (piel símil)
978-1-4245-6363-0 (libro electrónico)

Devociones compuestas por Janelle Breckell.

Diseño por Chris Garborg | garborgdesign.com
Compilado y editado en inglés por Michelle Winger | literallyprecise.com
Traducción, adaptación del diseño y corrección en español por LM Editorial Services | lmeditorial.com | lydia@lmeditorial.com con la colaboración de Belmonte Traductores (traducción) y produccioneditorial.com (tipografía)

Impreso en China / Printed in China

21 22 23 24 25 26 * 6 5 4 3 2 1

El Señor es
misericordioso y compasivo,
lento para enojarse y
lleno de amor inagotable.
El Señor es bueno con todos;
desborda compasión
sobre toda su creación.

Salmos 145:8-9

Introducción

Dios te creó por una razón.
No hay nadie que sea como tú,
y Él se alegra de que seas suyo.
Que la alegría y la paz entren
en tu corazón a medida
que pasas tiempo con Dios
cada día.

ENERO

Afortunados los que tú elegiste
para acercarse a ti y vivir a tu lado.
En tu templo santo tenemos
todo el bien que necesitamos.

Salmos 65:4, PDT

ENERO 1

Brillante y nuevo

Todo el que pertenece a Cristo
se ha convertido en una persona nueva.
La vida antigua ha pasado;
¡una nueva vida ha comenzado!
2 Corintios 5:17

¿Has visto alguna vez un auto muy sucio pasar por un túnel de lavado y salir muy limpio y brillante? Cuando aceptamos a Jesús en nuestros corazones, Él olvida todas las cosas malas y feas que hemos hecho, y nos hace brillantes y nuevos, como ese hermoso auto limpio.

Todos tenemos cosas malas que nos gustaría olvidar, como palabras feas que hemos dicho y personas a las que hemos herido. Cada día, podemos decirle a Jesús que lamentamos nuestro pecado, y Él lava y limpia esa suciedad asquerosa.

Dios, estoy muy contento porque tú puedes quitar mi pecado. Gracias por perdonarme y por limpiarme.

Solamente ora

Cuando él ore a Dios,
será aceptado y Dios lo recibirá con alegría
y lo restaurará a una relación correcta.
JOB 33:26

¿Qué tenemos que hacer para que Dios nos acepte? ¿Necesitamos ser perfectos? No, solo necesitamos orar. Cuando oramos a Dios, es como si Él pusiera sus brazos sobre nosotros y nos diera un gran abrazo.

No importa cómo te sientes contigo mismo, Dios te ama mucho. Él te ve, Él te oye, y le encanta pasar tiempo contigo.

Dios, gracias por amarme y aceptarme tal como soy.

Cosas hermosas

La tierra es del SEÑOR y todo lo que hay en ella; el mundo y todos sus habitantes le pertenecen.
SALMOS 24:1

Imagina lo siguiente. El cielo está gris. Cae la lluvia, y tropiezas en un charco de barro. Tuviste algunos amigos en tu casa anoche, y tu mamá está enojada porque dejaron tu cuarto desordenado. No puedes ver nada hermoso a tu alrededor.

Ahora cierra los ojos. Di este nombre: Jesús. Ahora ábrelos, y mira otra vez. ¿Ves ese pequeño puntito de cielo azul, ese único rayo de luz que se cuela entre las nubes? ¿Observas las hermosas gotas de agua que hay sobre los arbustos? ¿Recuerdas todo lo que te divertiste con los amigos que causaron el desorden? Siempre podemos encontrar algo hermoso si lo buscamos.

Jesús, cuando digo tu nombre veo cosas hermosas que me rodean. Gracias por hacer esas cosas tan asombrosas.

Buenos regalos

Todo lo que es bueno y perfecto es un regalo que desciende a nosotros de parte de Dios nuestro Padre, quien creó todas las luces de los cielos. Él nunca cambia.

SANTIAGO 1:17

Cuenta tus bendiciones. Eso podría ser algo que oyes muchas veces, pero ¿sabes lo que significa? Todo lo bueno que hay en nuestras vidas es una bendición de Dios. Piensa en todas las cosas buenas que puedas.

Quizá hoy es un día difícil. Tal vez sientes que hay más cosas malas que buenas. No pasa nada. Solo comienza a contar tus bendiciones de todos modos. ¡Podrías sorprenderte por cuántas hay!

Padre celestial, tú das a todos regalos maravillosos. Gracias porque tú nunca cambias. Tú envías bendiciones como rayos de luz.

Pide cualquier cosa

La seguridad que tenemos al estar unidos a Dios es esta: Dios escucha nuestras oraciones cuando le pedimos conforme a su voluntad. Puesto que sabemos que Dios nos oye, tengamos la certeza de que él nos dará cualquier cosa que le pidamos.

1 JUAN 5:14-15, PDT

¿Puedes pensar en alguna vez en que realmente querías algo pero tenías miedo a pedirlo? ¿Por qué tenías miedo? ¿Pensabas que no habías sido lo bastante bueno para tenerlo? Puede ser difícil pedir lo que quieres.

Cuando Dios es la persona más importante en tu vida, puedes pedirle cualquier cosa. No necesitas tener miedo. A Él le gusta cuando le pides cosas. Le encanta oír tu voz.

Dios, te quiero a ti más que a ninguna otra cosa en el mundo. Me siento seguro cuando te pido cosas. Tú siempre me das lo que necesito.

ENERO 6

Llora como un bebé

Los consolaré… como una madre consuela a su hijo.
Isaías 66:13

Está bien llorar como un bebé algunas veces. Hay días en los que muchas cosas no salen como tú quieres: alguien es desagradable contigo, o te caes de la bicicleta, o sientes miedo.

Está bien cerrar los ojos y acurrucarte en los brazos de Dios. ¡Él quiere que estés ahí! Escúchalo decirte cuánto te ama. Deja que te acune suavemente y te llene de paz.

Dios, necesito que me abraces, que me ames y que me digas que todo va a salir bien hoy. Gracias por amarme incluso cuando lloro como un bebé.

Un lugar seguro

Mi Dios es mi roca, en quien encuentro protección.
Él es mi escudo, el poder que me salva
y mi lugar seguro.
Él es mi refugio, mi salvador.
2 SAMUEL 22:3

Algunas veces sentimos que estamos en medio de una batalla. Justo cuando encontramos protección de las flechas, comienzan a llegar lanzas. Cuando se escribió el Antiguo Testamento, estas batallas eran guerras de verdad: las flechas y las lanzas eran reales.

Hoy, las flechas tal vez se parecen más a niños abusones, tareas escolares difíciles, o padres que se pelean. Pero tu lugar de refugio debería ser siempre el mismo. Dios es tu lugar seguro. Siempre que acudes a Él, Él está listo para protegerte.

Dios, tú eres mi protector. Gracias por tu promesa de rescatarme. Puedo encontrar paz en tu amor.

Muchas preguntas

Me has dado a conocer la senda de la vida;
me llenarás de alegría en tu presencia,
y de dicha eterna a tu derecha.
SALMOS 16:11, NVI

Hay algunos días en los que tenemos muchas preguntas. Hay muchas cosas que no entendemos. Pedir ayuda a los padres es bastante fácil. Ellos tienen por lo general buenas respuestas.

¿Sabías que Dios te dio a alguien que puede responder a todas tus preguntas? El Espíritu Santo está aquí para ayudarnos. Él nos muestra qué hacer, y nos llena de alegría.

Espíritu Santo, gracias porque tú puedes responder a todas mis preguntas. Confío en que me mostrarás lo que necesito saber. Quiero ser lleno de tu alegría.

Garantía para toda la vida

Yo confío en que
veré la bondad del SEÑOR
Espera con paciencia al SEÑOR;
sé valiente y esforzado;
sí, espera al SEÑOR con paciencia.
SALMOS 27:13-14

¿Qué haces cuando te enfermas? Normalmente visitas al médico porque confías en que te ayudará a sentirte mejor. Sabemos que los buenos médicos nos darán los consejos o las medicinas que necesitamos para ayudarnos, ¡pero algunas veces tardan un tiempo en hacer efecto!

Dios es como un buen médico en el que podemos confiar en que nos ayudará. Acudimos a Él y le pedimos que nos dé fuerzas porque creemos que Él se interesa mucho por nosotros.

Dios, gracias porque puedo confiar en que tú me ayudas cada vez que acudo a ti y te pido ayuda. Ayúdame ser valiente porque sé que tú cuidas de mí.

Volteretas de alegría

Tú cambiaste mi tristeza y la convertiste en baile. Me quitaste la ropa de luto y me pusiste ropa de fiesta, para que te cante himnos y alabe tu poder. Mi Señor y Dios, no puedo quedarme callado, por eso siempre te alabaré.

SALMOS 30:11-12, TLA

¿Hubo alguna vez cuando perdiste algo y estabas muy triste, y después lo encontraste y te pusiste muy contento? ¡La Biblia dice que Dios puede ayudarnos a cambiar nuestra tristeza en felicidad!

Algunas veces nos gusta cantar o gritar cuando estamos contentos, y otras veces nos gusta bailar. Cuando Dios cambia tu tristeza en felicidad, no podrás quedarte callado, ¡querrás alabarlo a Él!

Señor, gracias porque tú puedes llenar mi corazón de alegría. Cantaré, bailaré, y te alabaré porque tú eres bueno conmigo.

ENERO 11

Verdaderamente asombroso

El Señor tan solo habló
y los cielos fueron creados.
Sopló la palabra,
y nacieron todas las estrellas.
Asignó los límites al mar y encerró
los océanos en enormes depósitos.

Salmos 33:6-7

¿Alguna vez has intentado hacer que ocurra algo solo por desearlo, o quizá incluso por susurrarlo? Quizá has dicho: "¡Sol, por favor sal!", o tal vez: "¡Pelota, marca un gol!". Bueno, Dios hizo eso cuando creó el universo; Él dijo las palabras, ¡y sucedió!

¡Dios es poderoso y asombroso! Él puede sostener en su mano un océano, y también sabe cuántos cabellos hay en tu cabecita. Él es un Dios que puede hacer grandes cosas, y un Dios que ama las cosas pequeñas… ¡especialmente a ti!

Señor Dios, cuando pienso en que tus palabras crearon el universo, y que los grandes océanos son como pequeñas jarras en tu almacén, ¡me sorprende mucho! ¡Tú eres asombroso!

ENERO 12

Solo para ti

Ningún rey se salva por su gran ejército,
ni se salvan los valientes por su mucha fuerza;
los caballos no sirven para salvar a nadie;
aunque son muy poderosos, no pueden salvar.
Pero el Señor cuida siempre de
quienes lo honran y confían en su amor.

SALMOS 33:16-18, DHH

No todos los que cantan bien llegarán a ser famosos. El corredor más rápido de tu escuela quizá no llegue a participar en los Juegos Olímpicos. Algunas veces pensamos que ser el mejor significa que el mundo entero se fijará en nosotros. Pero Dios no nos dio talentos para que pudiéramos ser famosos; Él nos dio talentos para que podamos mostrar su amor al mundo.

¿Qué cosas se te dan muy bien? Dios quiere que hagas lo mejor con las habilidades que Él te ha dado, pero sobre todo, quiere que lo hagas con un buen corazón.

Dios, gracias por los talentos que me has dado, y haré lo mejor que pueda con ellos, confiando en que tú me mostrarás cómo usarlos para bien.

Sé sano

Porque en ti está la fuente de la vida,
y en tu luz podemos ver la luz.
SALMOS 36:9, NVI

Cuando tienes sed, ¿corres al desierto o a la fuente? Si te tropiezas en la oscuridad, ¿buscas el interruptor de la luz o cierras fuerte los ojos? Cuando necesitamos ayuda, ¡se nos da muy bien saber dónde ir!

Dios es como una lámpara, que ilumina el camino por el que deberíamos ir. Él es como una fuente de agua, que nos da nuevas fuerzas cuando lo necesitamos. Lo único que tenemos que hacer es ir a Él, porque no puede ayudarnos si no le dejamos hacerlo.

Padre celestial, algunas veces me olvido de pedirte ayuda cuando más la necesito. Recuérdame ir a ti cuando necesite fuerzas, porque confío en que tú me ayudarás.

ENERO 14

Todo consuelo

Dios es nuestro Padre misericordioso y la fuente de todo consuelo. Él nos consuela en todas nuestras dificultades para que nosotros podamos consolar a otros. Cuando otros pasen por dificultades, podremos ofrecerles el mismo consuelo que Dios nos ha dado a nosotros.

2 Corintios 1:3-4

Hay muchas maneras en las que podemos conseguir sentirnos mejor cuando estamos tristes. Algunas veces puede ayudar comer, un baño, un juego, o música divertida. Dios nos ha dado muchas cosas buenas en la vida, pero el mejor consuelo que podemos obtener es cuando conversamos con Él.

¿Sabías que Dios entiende todos tus problemas? Recuerda que Él te creó y te ve, cada día. La próxima vez que te sientas triste, háblale a Dios de ello. Él hallará un modo de que te sientas más fuerte y más feliz.

Padre celestial, gracias porque siempre puedo hablar contigo cuando me siento triste. Gracias porque tú te interesas mucho por mí y siempre estás conmigo.

Más allá de la vista

Desde los lejanos rincones de la tierra te llamo, pues estoy angustiado. Llévame a la roca que es más alta de lo que puedo alcanzar, donde quede yo a salvo.

SALMOS 61:2, PDT

¿Alguna vez has intentado salir de un laberinto de papel? Quizá incluso has estado en un laberinto de verdad. Algunas veces te quedas atascado. Llegas a un callejón sin salida o caminas en círculos. La vida puede parecerse un poco a eso: puedes sentirte perdido o atascado.

¡Lo asombroso de Dios es que Él siempre sabe dónde estás! Solo tienes que llamarlo a Él pidiendo ayuda, y Él puede indicarte el camino haciéndote saber cuál es la dirección correcta.

Señor, qué bueno es saber que, cuando estoy perdido, puedo llamarte a ti. Tu voz será mi ayuda y tus manos me recogerán.

ENERO 16

Tengo sed

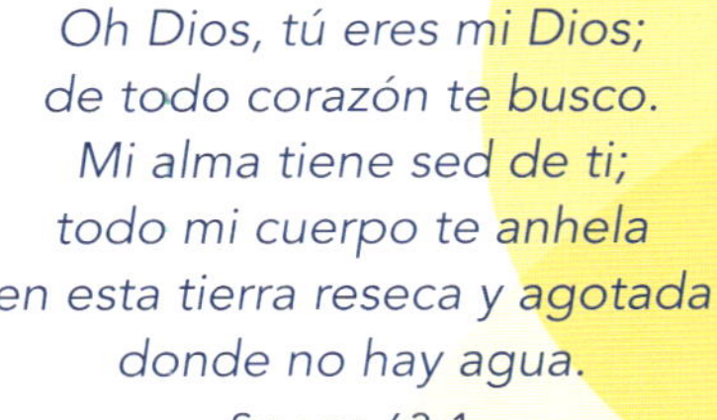

Oh Dios, tú eres mi Dios;
de todo corazón te busco.
Mi alma tiene sed de ti;
todo mi cuerpo te anhela
en esta tierra reseca y agotada
donde no hay agua.

SALMOS 63:1

¿Alguna vez jugaste por tanto tiempo que de repente sentiste que te desmayarías si no bebías agua? Cuando tienes tanta sed, ¡lo único que piensas es en beber!

Este versículo de la Biblia compara querer a Dios con tener mucha sed. Quizá no nos sentimos así en este momento, pero mientras más conocemos a Dios, más entendemos que lo necesitamos a Él, ¡igual que ese trago de agua!

Señor, ayúdame a entender cuánto te necesito. Quiero tener más de tu ayuda, de tu bondad, y de tu fuerza en mi vida.

Mejor que la vida

Tu amor inagotable es mejor que la vida misma;
¡cuánto te alabo!
SALMOS 63:3

¿Cuáles son tus cosas favoritas en la vida? Es tu bicicleta, o quizá es el helado, una montaña rusa, jugar deportes, o simplemente estar con amigos. ¡Podrían ser todas esas cosas! ¿Sabías que Dios las creó? Él quería que disfrutemos de la vida porque nos ama. Eso es lo que quiere decir este versículo: que su amor es mejor que la vida, porque su amor creó todas las cosas estupendas de la vida.

La próxima vez que estés disfrutando de veras de algo que te gusta, recuerda que Dios lo creó para ti. Y entonces recuerda darle las gracias por ello.

Señor, nada se compara con tu amor. Ayúdame a darte las gracias por todas las cosas en la vida que me gustan, porque sé que vienen de ti.

ENERO 18

Alégrame el día

Lléname de tu fiel amor cada mañana
y nosotros siempre nos alegraremos y cantaremos.
SALMOS 90:14, PDT

¿Por qué es importante desayunar en la mañana? Tus padres probablemente te dicen que necesitas un buen desayuno, porque te dará energía para el resto del día.

Es bueno comenzar tu día también con Jesús. Leer un poco de la Biblia, u orar para que Él te ayude en este día, es un inicio realmente bueno de tu día. ¡Te dará la fuerza que necesitas para vivir tu día!

Jesús, te invito a que me alegres el día. Cuando esté frustrado o infeliz, dame paciencia y alegría. Lléname de tu amor para que pueda amar a otras personas que me rodean.

Sus ovejas

Reconozcan que el Señor es Dios;
él nos creó y le pertenecemos.
Nosotros somos su pueblo,
las ovejas que él mismo cuida.
SALMOS 100:3, PDT

¿Tienes una mascota, o conoces algún amigo que tiene una? ¡Las mascotas son geniales! Puedes jugar con ellas, darles órdenes, y sentarte a su lado cuando estás solo. En tiempos de la Biblia, las personas tenían ovejas que cuidar, no como en las grandes granjas que vemos hoy, a menudo eran solo unas pocas ovejas. Debieron llegar a amar a sus ovejas como mascotas.

Este versículo de la Biblia dice que nosotros somos como ovejas de Dios. Él cuida de nosotros del mismo modo que tú podrías cuidar de una mascota. Él quiere estar con nosotros y ocuparse de nosotros cada día.

Padre Dios, sé que tú te interesas realmente por mí, y que quieres disfrutar de mí y estar conmigo. Ayúdame a recordar que soy tuyo.

Desanimado

Reanímame tal como lo prometiste.
SALMOS 119:25, PDT

Incluso las personas de la Biblia se sentían desanimadas a veces. Está bien sentirse desanimado, y está bien decir que estás desanimado. Quizá un amigo ha sido desagradable contigo, o tus padres te gritaron, o no te eligieron para un partido. Tal vez no jugaste bien en tu deporte esta semana.

¡No abandones! Dios sabe cuando estás desanimado y te cuida cuando te sientes mal. Cuando estés desalentado, es momento de pedir a Dios que te hable. ¿Sabes qué te dirá Él? Te dirá que te ama, y que está a tu lado.

Querido Señor, en esos momentos cuando estoy más desanimado, ayúdame a pedirte tus palabras de verdad. Gracias porque tú me alentarás con tu amor.

Tus caminos

Aparta mis ojos de cosas inútiles
y dame vida mediante tu palabra.
SALMOS 119:37

¿Alguna vez compraste un juguete barato, solo para que se rompiera unas horas después? A veces, las cosas pueden verse bien en la tienda pero no son de buena calidad. Cuando comes mucha comida chatarra que te gusta, pronto te das cuenta de que no te sientes muy bien.

Realmente hay muchas cosas en la vida que no vale la pena tener. Por eso es importante descubrir lo que Dios dice que es importante, porque Él es quien te ama y sabe qué es lo mejor para ti.

Jesús, ayúdame a descubrir qué cosas en la vida no valen la pena, y qué cosas son verdaderamente buenas para mí. Ayúdame a descubrir esas cosas en la Biblia.

En un periodo de sufrimiento

Tu promesa es mi consuelo cuando sufro;
tu palabra me devuelve la vida.
SALMOS 119:50, PDT

A veces la vida no es justa. Como cuando alguien te culpa cuando no fue culpa tuya. O cuando alguien se ha burlado de ti por el modo en que luces. Podrías haberte puesto en vergüenza jugando algún deporte, o quizá tus padres se están peleando y eso te da miedo. Hay muchas cosas que pueden entristecerte.

¿Sabes qué? Jesús ha hecho la promesa de estar contigo siempre. Él envió su Espíritu Santo, nuestro ayudador, para susurrarnos cuando las cosas van mal y recordarnos que Él nos ama.

Señor, cuando me sienta realmente triste, déjame oír al Espíritu Santo recordándome tus promesas. Gracias porque tú cuidas de mi vida.

El regalo en la lucha

El sufrimiento me hizo bien, porque me enseñó a prestar atención a tus decretos.

SALMOS 119:71

No es divertido que te envíen a tu cuarto por hacer algo mal. No se siente bien pasar tiempo a solas. Después de un rato, te calmas y quizá incluso te olvidas de por qué estabas enojado.

Es importante aprender que la disciplina es buena para nosotros. Es bueno que tomemos un tiempo a solas y pensemos en nuestros sentimientos. Dios siempre puede hablarnos cuando estamos tranquilos y escuchando.

Señor Dios, ayúdame a entender que a veces es mejor ser disciplinado que seguir haciendo lo que está mal. ¡Ayúdame a prestarte atención a ti!

El camino hacia la paz

Los que aman tus enseñanzas tienen mucha paz y no tropiezan.
SALMOS 119:165

¿Alguna vez has querido hacer trampas en un juego para poder ganar? ¿O cruzar la carretera por el lugar incorrecto para así poder llegar más rápido al otro lado? Quizá no te pones un casco porque crees que parece una tontería. ¡Seguir las reglas es difícil a veces!

Dios puso algunas reglas; no para hacer que te resulte difícil, sino para mantenerte a salvo, y mantener a salvo también a otros que te rodean. Cuando amas las reglas de Dios, significa que confías en que Él sabe lo que es mejor para ti, ¡y eso te da mucha paz!

Señor, quiero agradarte y guardar tus reglas, porque sé que seré una persona con más paz cuando vivo por tu bondad.

Adquiere sabiduría

¡Adquirir sabiduría es lo más sabio que puedes hacer! Y en todo lo demás que hagas, desarrolla buen juicio.

PROVERBIOS 4:7

Si no pudieras encontrar un cubo de la basura, ¿tirarías tu basura al suelo? Si no supieras la respuesta a una pregunta en la escuela, ¿copiarías la respuesta de otro compañero? Si vieras que a alguien se le cae dinero, ¿lo recogerías y te lo quedarías?

¡Tenemos que tomar decisiones muchas veces en un día! La Biblia dice que necesitamos adquirir sabiduría. Cuando pedimos sabiduría, decidimos hacer lo correcto. Y normalmente sabemos qué es, porque sabemos lo que haría Jesús.

Padre Dios, ayúdame a tomar buenas decisiones y a ser sabio en todo lo que haga.

ENERO 26

Sólido como la roca

Cayeron las lluvias, crecieron los ríos,
y soplaron los vientos y azotaron aquella casa;
con todo, la casa no se derrumbó porque estaba
cimentada sobre la roca.

MATEO 7:25, NVI

A veces la vida es como una gran tormenta. Azota, te lanza de un lugar a otro, y te transporta en una inundación de problemas y preocupaciones. Parece que suceden cosas malas todas a la vez. Cuando suceden cosas malas, ¿a quién acudes?

La Biblia dice que el mejor modo de asegurarte de poder mantenerte firme ante una tormenta es conocer de Dios y tener fe en sus promesas. Entonces serás como una casa que tiene un cimiento fuerte y no se derrumbará en una tormenta.

Señor Jesús, sé que sin importar lo que enfrente, no caeré si tú estás conmigo. Decido creer esto en este día.

El yo que ves

María respondió: —Soy la sierva del Señor.
Que se cumpla todo lo que has dicho acerca de mí.
Y el ángel la dejó.

LUCAS 1:38

Mucha gente dice que María era bastante joven cuando llegó el ángel para decirle que un día tendría un bebé, y que el bebé sería Jesús. ¡Eso debió de haberle dado mucho miedo!

En lugar de salir corriendo, María le creyó a Dios, y dijo que haría lo que Dios quisiera que ella hiciera. Dios usó a María como parte de su plan para salvar al mundo; todo lo que el ángel dijo se cumplió. ¿Creerás el plan de Dios para tu vida?

Padre Dios, muéstrame que tú tienes cosas importantes para que yo haga en este mundo. Quiero obedecerte y seguir tus caminos.

Mucho amor

Mientras lo apedreaban, Esteban oraba.
—Señor Jesús —decía—, recibe mi espíritu.
Luego cayó de rodillas y gritó:
—¡Señor, no les tomes en cuenta este pecado!
Cuando hubo dicho esto, murió.
HECHOS 7:59-60, NVI

Si alguien te estuviera lanzando piedras, ¿te quedarías quieto y orarías por esa persona? ¡Probablemente no! Pero eso fue lo que hizo Esteban en la Biblia. Él sabía que las personas que lo estaban hiriendo no entendían realmente a Dios. Esteban los perdonó por hacerle daño.

¿Te han hecho daño las personas antes? Toma un tiempo hoy para perdonarlos. Dile a Jesús que quieres que esas personas conozcan de su amor.

Señor, lléname de la paz que tenía Esteban. Ayúdame a estar tan envuelto en tu amor, que pueda perdonar a quienes me hagan daño.

Cosas aún mejores

*"Ningún ojo ha visto, ningún oído ha escuchado,
ninguna mente ha imaginado
lo que Dios tiene preparado
para quienes lo aman".*

1 Corintios 2:9

Piensa en lo más hermoso que hayas visto jamás. Recuerda, o escucha, la canción más maravillosa que hayas oído jamás. Imagina el día más perfecto posible. Es asombroso, ¿no es cierto?

¿Sabes qué? ¡Dios tiene cosas aún mejores preparadas para ti! Ningún sueño ni siquiera se acerca. Y la mejor parte es que Jesús está preparando todas esas cosas buenas para ti, en este momento. Un día lo verás y lo sentirás todo. Tienes un gran futuro por delante.

Señor, gracias por toda la belleza que me rodea. Recuérdame que hay cosas incluso más hermosas que llegarán.

ENERO 30

Un talento especial

Si todo el cuerpo fuera ojo, ¿qué sería del oído? Si todo el cuerpo fuera oído, ¿qué sería del olfato? En realidad, Dios colocó cada miembro del cuerpo como mejor le pareció.

1 CORINTIOS 12:17-18, NVI

¿Alguna vez has oído a un cantante que cantaba muy bien, o has visto a un artista increíble y quisiste hacer lo que ellos hacen? Esos sentimientos son normales. Todos queremos ser talentosos, pero si seguimos queriendo los talentos de otra persona, nos olvidaremos del que nosotros tenemos.

Dios ha dado a todos diferentes talentos para que todos podamos trabajar juntos. Imagina una banda que tuviera solamente baterías. Una buena banda tiene diferentes instrumentos. Imagina a un equipo de fútbol que tuviera solamente porteros. Un gran equipo tiene diferentes posiciones y fortalezas. El mundo necesita tu talento especial. ¡Encuéntralo y úsalo!

Padre, muéstrame con qué talentos me has bendecido y ayúdame a usarlos para ti.

Cuando las cosas se ponen difíciles

Tres veces le rogué al Señor que me la quitara el problema; pero él me dijo: «Te basta con mi gracia, pues mi poder se perfecciona en la debilidad».

2 CORINTIOS 12:8-9, NVI

Entras en el equipo y entonces te rompes un hueso y tienes que pasarte toda la temporada en el banquillo. Uno de tus padres está enfermo y Dios no lo sana. Tu mejor amigo se muda y ahora tienes que encontrar un nuevo grupo de amigos. ¿Qué está sucediendo? ¿Quiere Dios que batalles?

Dios no quiere que nadie resulte herido, pero sí Él usa los tiempos difíciles para mostrarnos su poder y hacernos mejores personas. Quizá perder a ese amigo significa que encontraste un nuevo grupo de amigos estupendos, ¡para el resto de tu vida! Dios puede convertir las cosas difíciles en cosas buenas.

Señor Dios, ayúdame a ver que tú puedes usar mi debilidad para hacer algo grande. Confiaré en ti y te alabaré.

FEBRERO

No te acuerdes de mis pecados
ni del mal que hice en mi juventud.
Señor, acuérdate de mí,
por tu gran amor y bondad.

Salmos 25:7, DHH

Calma mis pensamientos

Si se enojan, no pequen;
que el enojo no les dure todo el día.
No le den oportunidad al diablo.
EFESIOS 4:26-27, DHH

¿Cuándo fue la última vez que te sentiste tan enojado que quisiste patear a alguien o lanzar cosas por el cuarto? Es bastante normal sentir enojo por cosas, pero tienes que tener cuidado con lo que haces con ese enojo.

¿Qué sucedería si te hicieras daño a ti mismo, o a otra persona, o dañaras algo mientras estás enojado? Eso empeoraría aún más la situación, ¿no es cierto? Por eso Dios dice que encontremos un modo de calmarnos para que no sigamos pensando en nuestro enojo. Pide a Jesús que te ayude a calmarte, y entonces haz otra cosa, como leer un libro, escribir una carta, ¡o patear una pelota!

Padre Dios, ayúdame a soltar mi enojo. Dame maneras de hacer algo bien cuando estoy enojado en lugar de algo que lamentaré. Gracias por tu perdón.

FEBRERO 2

Cambia la preocupación por paz

No se preocupen por nada; en cambio, oren por todo. Díganle a Dios lo que necesitan y denle gracias por todo lo que él ha hecho. Así experimentarán la paz de Dios, que supera todo lo que podemos entender.

FILIPENSES 4:6-7

¿Alguna vez has jugado con tarjetas para cambiar? Tú les das a tus amigos las tarjetas extra que tienes, y ellos te dan a ti otras que te faltan. Es parecido a lo que Dios nos pide que hagamos con nuestras preocupaciones. ¡Él puede tomar tus preocupaciones y darte paz!

¿Qué cosas te preocupan? ¿Son las tareas escolares, hacer amigos, o encontrar un juguete perdido? Háblale de eso a Jesús, y pídele que te ayude a sentir paz porque sabes que Él te cuida.

Señor Jesús, traigo mis preocupaciones a ti y te pido que me ayudes. Gracias por tu promesa de paz.

Pequeñas cosas

Yo sé cómo vivir en pobreza o en abundancia. Conozco el secreto de estar feliz en todos los momentos y circunstancias: pasando hambre o estando satisfecho; teniendo mucho o teniendo poco.

FILIPENSES 4:12, PDT

Todos tenemos cenas favoritas, y comidas que no nos gustan mucho. ¿Puedes pensar en una de tus cenas favoritas? Ahora piensa en alguien que no cena ningún día. Es bastante triste, ¿no crees? Es bueno estar agradecido por cada comida que tienes en la mesa, incluso si no te gusta mucho.

Pablo, el apóstol de la Biblia, dijo que él estaba bien incluso cuando lo metieron en la cárcel y no tenía mucho. Eso se debe a que estaba agradecido por cada pequeña cosa que Jesús le había dado. Podemos aprender a ser agradecidos, sin importar lo mucho o lo poco que tengamos.

Jesús, ayúdame a estar contento con lo que tengo, incluso si es solo un poco.

Dios es real

Ustedes no han visto jamás a Jesús, pero aun así lo aman. Aunque ahora no lo pueden ver, creen en él y están llenos de un gozo maravilloso que no puede ser expresado con palabras.

1 PEDRO 1:8, PDT

¿Cómo sabes que el viento es real? No puedes verlo pero puedes oírlo, sentirlo, y ver lo que hace en las nubes y los árboles. Dios es parecido al viento: no lo vemos pero sentimos y vemos lo que hace su amor en nuestra vida y en las vidas de otras personas.

Es bastante asombroso amar a alguien a quien no puedes ver, pero la Biblia dice que cuando amas a Dios, serás lleno de mucha alegría. Así que sonríe, porque amas a Dios, ¡y Él te ama a ti!

Dios, sé que tú eres real. A veces no puedo explicarlo, pero te amo porque sé que tú me amas. Gracias por tu alegría que me hace sonreír.

Intenta no pelear

Asegúrense de que ninguno pague mal por mal, más bien siempre traten de hacer el bien entre ustedes y a todos los demás.

1 TESALONICENSES 5:15

Cuando alguien te empuja, ¿le empujas tú a cambio? Si te dicen algo malo, ¿te comportas mal tú también? No importa quién comience una pelea, todos los que están involucrados probablemente se meterán en problemas.

Es difícil no devolver el golpe, pero eso es precisamente lo que Dios quiere que hagamos. Él no quiere que el problema empeore, y por eso nos pide que hagamos el bien entre nosotros, e incluso a personas que no son muy agradables. Y te sentirás mejor cuando decidas hacer lo correcto.

Espíritu Santo, lléname de tu bondad. Ayúdame a no devolver el golpe sino a perdonar e intentar hacer el bien a todas las personas.

FEBRERO 6

Ora por otros

Así que seguimos orando por ustedes,
pidiéndole a nuestro Dios que los ayude
para que vivan una vida digna de su llamado.
Que él les dé el poder para llevar a cabo
todas las cosas buenas que la fe los mueve a hacer.
2 Tesalonicenses 1:11

¿Alguna vez alguien ha orado por ti? Quizá fueron otros niños en la iglesia, o alguien en tu familia. Es una buena sensación que otros oren por ti, ¿no es cierto? Dios quiere que oremos unos por otros, porque la oración muestra amor a las personas.

A veces nos da vergüenza orar en voz alta. ¡Está bien! Siempre puedes orar por otros en tu propio tiempo a solas con Dios, o en tu mente. Sin importar el modo en que ores, Dios te recompensará con fe. ¡Puedes estar seguro de que Dios oye tus oraciones!

Querido Jesús, recuérdame que ore por otras personas. Dame valentía cuando tenga que orar en voz alta, y ayúdame a saber que tú siempre me escuchas.

Más que el oro

Tales dificultades serán una gran prueba de su fe, y se pueden comparar con el fuego que prueba la pureza del oro. Pero su fe es más valiosa que el oro, porque el oro no dura para siempre. En cambio, la fe que sale aprobada de la prueba dará alabanza, gloria y honor a Jesucristo cuando él regrese.

1 Pedro 1:7, PDT

¿Sabías que el oro es uno de los metales más preciosos porque es uno de los más fuertes y más brillantes? Sin embargo, el oro no sale de la tierra de ese modo; ¡tiene que ser limpiado con fuego!

Dios dice que nuestra fe en Jesús es como el oro. Es muy preciosa y muy fuerte. Es importante que veamos nuestra fe como un tesoro, igual que una pieza de oro.

Dios, por favor ayúdame a saber cuán preciosa y fuerte es mi fe.

FEBRERO 8

¡Él te cuida!

*Pongan todas sus preocupaciones y ansiedades
en las manos de Dios,
porque él cuida de ustedes.*
1 PEDRO 5:7

Imagina construir una torre de piedras. Pones una piedra encima de otra hasta que la torre se vuelve inestable y se derrumba. Eso es lo que puede suceder cuando dejamos que todas nuestras pequeñas preocupaciones se apilen. Es mucho mejor lidiar con una preocupación cada vez, ¡de modo que no parezca que las cosas se están derrumbando a nuestro alrededor!

Jesús dice que Él te cuida. Puedes llevarle a Él cada pequeña preocupación. No importa si es algo importante o no; a Jesús le importa lo que te preocupa. Así que habla con Él. Te sentirás mejor cuando lo hagas.

Jesús, ya no quiero estar preocupado por todo. Ayúdame a conversar contigo cuando me sienta ansioso. Sé que tú cuidas de mí.

En su luz

*En él estaba la vida, y esa vida era la luz
de los seres humanos.
La Luz brilla en la oscuridad,
y la oscuridad no ha podido contra ella.*

JUAN 1:4-5, PDT

¿Qué necesitas cuando está muy, muy oscuro? ¡Una luz, sin duda! A veces, cosas por las que estamos tristes o preocupados se parecen a la oscuridad. La Biblia dice que Jesús es como una luz en esos momentos.

Nada es más poderoso que la luz de la Palabra de Dios. Su amor nunca falla, y sus promesas son para siempre. Nada puede apartarte de su amor.

Señor Jesús, tú eres luz: una luz hermosa y resplandeciente. Cuando sienta que las cosas se ponen oscuras, ayúdame a encontrar esperanza en tu luz.

Vale la pena

—Ni él pecó, ni sus padres —respondió Jesús—, sino que esto sucedió para que la obra de Dios se hiciera evidente en su vida.

JUAN 9:3, NVI

En tiempos de Jesús, cuando las personas estaban enfermas, otros decían que estaban enfermas porque habían hecho algo malo. Los discípulos de Jesús pensaron así sobre un hombre ciego, pero Jesús lo explicó de modo diferente. Justamente antes de sanar los ojos del hombre, Jesús dijo que el hombre era ciego para que la gente viera el poder de Dios.

A veces podemos atravesar cosas difíciles, como le pasó al hombre ciego, para que la gente pueda ver que Dios sigue siendo bueno. Cuando mejoramos, podemos decir a otros que Dios nos ayudó durante nuestros momentos difíciles.

Señor, sé que mis problemas pueden cooperar para bien. Ayúdame a confiar en ti y a hablarles a los demás de tu bondad.

Dirección del corazón

Que el Señor los lleve a amar como Dios lo hace y a ser pacientes como Cristo.

2 Tesalonicenses 3:5, NBV

Piensa en una ocasión en la que quizá te adelantaste a tus padres en la feria o el zoo, y te diste cuenta de que no tenías ni idea de hacia dónde ibas. Podemos perdernos si no escuchamos las direcciones, ¡y eso puede dar miedo!

Nuestro corazón también necesita dirección. A veces, no sabemos cómo sentir o no sabemos qué es lo correcto que debemos hacer. Es entonces cuando podemos detenernos y pedir ayuda a Dios. Él podrá darnos las respuestas que necesitamos y llenarnos de amor.

Señor, mi corazón necesita dirección. Lléname con tu amor, y dirígeme hacia ti.

Te hará volver

Me dejaré encontrar —afirma el Señor—, y los haré volver del cautiverio. Yo los reuniré de todas las naciones y de todos los lugares adonde los haya dispersado, y los haré volver al lugar del cual los deporté, afirma el Señor.

Jeremías 29:14, NVI

¿Alguna vez lanzaste al piso un puñado de canicas y las viste rodar en diferentes direcciones? Eso es parecido a lo que le sucedió al pueblo de Israel en la Biblia. Después de un tiempo, Dios les hizo una promesa a esas personas: los israelitas. Dijo que los reuniría y los haría volver hacia Él.

Podemos sentirnos como esas canicas a veces, separados de Dios y de los demás. La promesa de Dios es para ti también. Él te encontrará y te hará volver. Nunca estás lejos de su vista ni de su alcance.

Padre, a veces siento que te he perdido, ¡pero sé que tú no me has perdido! Por favor, acércame más a ti.

Libre para descansar

Respetar al Señor conduce a la vida,
uno se siente contento y no se preocupa por nada.
PROVERBIOS 19:23, PDT

A veces, tener miedo a cosas significa que entendemos que son poderosas, como un león, o grandes olas que rompen en la playa. Pero los leones y las olas son hermosos, ¿no es cierto? Eso quiere decir Dios cuando dice que lo temamos y lo respetemos a Él; significa que sabemos que Él es poderoso.

Ese mismo Dios poderoso es el que cuida de ti y te protege. Él es tan grande, ¡que sabes que estar de su lado significa que estás a salvo!

Señor, gracias porque tú eres poderoso. Sé que eso significa que estoy a salvo contigo.

Decir la verdad

Más vale ser reprendido con franqueza
que ser amado en secreto.
Más confiable es el amigo que hiere
que el enemigo que besa.
PROVERBIOS 27:5-6, NVI

Siempre es mejor decir la verdad. Podría ser más fácil mentir algunas veces, pero nunca produce una buena sensación en nuestro interior. Aunque es difícil decir la verdad, te sientes mucho mejor cuando lo haces. Cuando eres siempre veraz, la gente puede confiar en ti.

La próxima vez que quieras decir una mentira, recuerda que solo te hará sentirte peor. Hablar la verdad es el mejor camino. Evita que tú y otros resulten heridos. Dios ama la verdad, ¡y te ama a ti!

Dios, ayúdame a ser lo bastante valiente para decir siempre la verdad. Gracias por perdonarme y amarme, a pesar de todo.

Sigue el camino

Ya sea que te desvíes a la derecha o a la izquierda, tus oídos percibirán a tus espaldas una voz que te dirá: «Este es el camino; síguelo».

ISAÍAS 30:21, NVI

¿Debería jugar al fútbol? ¿Es este amigo bueno para mí? ¿Debería terminarme mi cena? ¿Qué debería hacer? Dios no siempre nos dice exactamente qué hacer, pero sí promete ayudarnos. Dios nos ha dado padres, maestros, entrenadores, y la Biblia, que nos ayudan a tomar buenas decisiones.

Dios quiere que le pidas ayuda porque te ama, ¡y quiere lo mejor para ti!

Gracias, Padre celestial, por ayudarme dondequiera que voy. Ayúdame a conocer tu voz.

¡Cruza por ahí!

Cuando cruces las aguas, yo estaré contigo;
cuando cruces los ríos, no te cubrirán sus aguas;
cuando camines por el fuego,
no te quemarás ni te abrasarán las llamas.

ISAÍAS 43:2, NVI

¿Conoces la historia sobre la familia que salió a cazar osos? Todo tipo de cosas se interpusieron en su camino: barro resbaloso, pasto muy alto, una tormenta de nieve, un bosque, un río grande. La historia dice: "No puedes pasar por encima; no puedes pasar por debajo; oh no, ¡tienes que cruzarlo!".

A veces tenemos que cruzar cosas que nos dan miedo. Podría ser tu primer día en una nueva escuela, o hacer las pruebas para un equipo deportivo, o comer un tipo de comida nueva, o dormir cuando hay una gran tormenta. Dios promete estar contigo cuando pases por todas esas cosas.

Señor, ayúdame a tener valentía y a cruzar cosas que me dan miedo, sabiendo que tú estás conmigo en cada paso del camino.

Piensa en su mano

Fíjense, voy a hacer algo nuevo.
Eso es lo que está pasando ahora,
¿no se dan cuenta?
Haré un camino en el desierto
y ríos en tierra desolada.

ISAÍAS 43:19, PDT

Los senderos pueden ser divertidos e interesantes. Atraviesas muchos arbustos y árboles. ¿Sabías que otras personas tuvieron que abrir esos caminos? Tuvieron que encontrar un buen sendero, quitar los arbustos, y a veces construir pequeños puentes cruzando los ríos.

Dios es como quien hace nuestro camino. La Biblia dice que Él va delante de nosotros en la vida. Eso significa que Él sabe lo que va a suceder, y prepara las cosas para nosotros.

Señor, ni siquiera puedo contar todas las maneras en que me has ayudado a seguir adelante. ¡Gracias por pensar en mí todo el tiempo!

FEBRERO 18

En la mañana

Me levanto temprano en la mañana para pedir tu ayuda; confío en tu palabra.
SALMOS 119:147, PDT

¿Qué es lo primero que te gusta hacer en la mañana? ¿Vas a la cocina para desayunar, juegas con un aparato, o te vistes enseguida? El escritor de este versículo de la Biblia pensaba que era bueno despertar y pensar en Dios. ¿Cómo crees que podrías hacer eso?

Podrías tener una Biblia o un libro de historias sobre Dios; podrías tener algunas canciones de la iglesia que podrías escuchar. Quizá simplemente despiertas y dices: "Hola, Jesús. Gracias por este día". Puedes confiar en que Él te estará escuchando.

Ayúdame, Jesús, a comenzar cada día contigo. Gracias porque estás conmigo todo el tiempo.

Júntate con amigos

Es tal la angustia que me invade,
que me siento morir.
Quédense aquí y manténganse
despiertos conmigo.
MATEO 26:38, NVI

Este versículo habla de la noche en que Jesús fue llevado a la cárcel. Nos dice cómo se sentía Jesús. Él estaba muy triste, y entiende lo que es sentir eso. Él no se decepcionará si te cuesta mucho poner una sonrisa en tu cara. Él sabe lo que es eso.

Jesús llevó a tres amigos cercanos al huerto para orar aquella noche. Ninguno de nosotros debemos estar solos. Si hasta Jesús necesitaba a las personas que amaba, nosotros también.

Jesús, tú sabes lo que es estar triste. Gracias porque me entiendes. Gracias por mostrarme que necesito amigos, igual que tú los necesitabas.

Un corazón cauteloso

Por sobre todas las cosas cuida tu corazón, porque de él mana la vida.

PROVERBIOS 4:23, NVI

Imagina el castillo más grande, más genial y más hermoso que puedas imaginar. ¿Tiene personas dentro? ¿Tiene lindos jardines, y puentes, y muchas habitaciones? ¿Hay guardias afuera de la puerta? ¡Debería haberlos! Los guardias ayudan a mantener a salvo el castillo de los enemigos.

Tu corazón es como ese castillo asombroso. Dios quiere que lo protejas, ¡y por eso su Palabra dice que lo cuides! Eso significa que tengas cuidado de no dejar que entren cosas malas.

Señor, ayúdame a cuidar mi corazón. Muéstrame las cosas que son buenas, y protégeme de las cosas malas.

Dudoso

Todos los que el Padre me da vendrán a mí;
y al que a mí viene, no lo rechazo.
JUAN 6:37, NVI

Los brazos de Dios siempre están abiertos para nosotros, pero a veces tenemos miedo de ir a Él. No siempre sentimos que merecemos tener su amor, y nos avergüenzan nuestros pecados. Pensamos que quizá Él nos rechazará.

Pero Dios dice que somos bienvenidos siempre. No hay nada que podamos hacer que cause que Él nos rechace. Nada puede apartarnos de su amor.

Gracias, Jesús, por amarme siempre y acercarme más a ti. Estoy agradecido porque tú me aceptas tal como soy.

FEBRERO 22

No presumas

«Si alguien quiere sentirse orgulloso de algo, que se sienta orgulloso de creer en el Señor.» La persona que merece aplausos no es la que habla bien de sí misma, sino aquella de quien el Señor habla bien.

2 Corintios 10:17-18, TLA

Está bien querer que te observen por las cosas buenas que haces, pero hay veces en las que necesitamos pensar en otros antes de presumir. ¿Qué se siente cuando alguien dice que es el mejor en lanzar una bola, o en dibujar, o en hacer sumas?

Dios mira el corazón, y quiere que seamos buenos y amables con todos. En lugar de presumir de ti mismo, diles a otros cuán asombrosos son. Este es el tipo de corazón que Dios considera bueno y del que habla bien.

Señor, gracias porque soy bueno en muchas cosas, pero gracias porque es más importante ser amable y mostrar amor a otros. ¡Ayúdame a presumir solo de tu bondad!

El regalo de la paz

Les dejo un regalo: paz en la mente y en el corazón. Y la paz que yo doy es un regalo que el mundo no puede dar. Así que no se angustien ni tengan miedo.

JUAN 14:27

¡A todo el mundo le gusta recibir regalos! ¿Puedes pensar en una vez en que recibiste un regalo que querías con muchas ganas? ¿O en un regalo que nunca antes habías tenido?

Jesús describe la paz como un regalo así. Es algo que solo Él puede dar, y no algo que alguien en este mundo podría envolver para ti. Es uno de los mejores regalos, porque la paz nos ayuda a estar calmados cuando las cosas son difíciles. Abre hoy este regalo de la paz.

Jesús, gracias por darme el regalo de la paz. Cuando las cosas se pongan difíciles, ayúdame a recordar que no tengo que tener miedo porque tú estás conmigo.

Crecer más en Dios

Pido en mi oración que su amor siga creciendo más y más todavía, y que Dios les dé sabiduría y entendimiento, para que sepan escoger siempre lo mejor.

FILIPENSES 1:9-10, DHH

¡Tú estás creciendo cada día! Probablemente hay muchas personas, especialmente tus padres, que conversan sobre cómo estás creciendo, y cuán inteligente te estás volviendo.

Cuando te mantienes cerca de Jesús, creces más y más en su amor. Entenderás más sobre la Biblia y quién es Jesús a medida que pasa el tiempo. Asegúrate de seguir aprendiendo sobre Dios porque te ayudará a escoger las mejores cosas para tu vida.

Señor, quiero saber más sobre ti. Ayúdame a entenderte más, y sobre todo, a amarte más.

Unidos

*Que Dios, quien da esa paciencia y ese ánimo,
los ayude a vivir en plena armonía unos con otros,
como corresponde a los seguidores de Cristo Jesús.
Entonces todos ustedes podrán unirse
en una sola voz para dar alabanza y gloria a Dios,
el Padre de nuestro Señor Jesucristo.*

ROMANOS 15:5-6

Cuando un coro se junta para cantar, no todos cantan la misma melodía, sino que cantan partes diferentes que se llaman armonías. Cantan notas distintas, pero todas las notas suenan hermosas juntas.

Así es como Jesús quiere que vivamos con otras personas: con nuestros amigos, con nuestra familia, y con nuestra iglesia. Cada uno es un poco diferente, pero Él quiere usar esas diferencias para que sonemos bien juntos. Eso significa que Él quiere que nos amemos unos a otros, que seamos nosotros mismos, ¡y que todos nos llevemos bien!

Señor, ayúdame a ser amable con todos los que me rodean, y a recordar que cada uno es especial. Gracias porque juntos podemos crear una música hermosa para ti.

Nunca solos

¿Podrá algo separarnos del amor de Cristo?
Ni las dificultades, ni los problemas,
ni las persecuciones, ni el hambre, ni la desnudez,
ni el peligro ni tampoco la muerte.

ROMANOS 8:35, PDT

¿Alguna vez has observado lo mucho que la Biblia habla del amor? El amor es tan importante, que Dios dice que es la razón por la que Él nos creó. Cuando sientas que nadie te ama, di para ti mismo: "¡No estoy solo! ¡Nada puede separarme del amor de Cristo! ¡Soy fuerte en Él!".

Llegarán problemas, pero siempre tenemos el amor de Dios en el cual apoyarnos. Podemos enfrentar más de lo que nunca creímos porque Él pelea nuestras batallas con nosotros.

Señor, gracias por amarme en toda ocasión. Cuando la vida parezca difícil, recordaré que nada puede separarme de tu amor.

Piensa cosas hermosas

Piensen en todo lo que es verdadero, en todo lo que merece respeto, en todo lo que es justo y bueno; piensen en todo lo que se reconoce como una virtud, y en todo lo que es agradable y merece ser alabado.

FILIPENSES 4:8, TLA

¿Te has despertado alguna vez por un mal sueño? A veces, pensamientos extraños y feos pueden meterse en nuestra cabeza y pueden dar un poco de miedo. Bien, las palabras de la Biblia nos dicen que hay algo que podemos hacer con los malos pensamientos. Podemos practicar pensar en cosas buenas.

Pruébalo ahora. Piensa en algo que te haga reír, en algo que te haga sentirte feliz. Piensa en algo que te haga sentir orgulloso, y en algo que se te dé bien. Piensa en las cosas por las que estás agradecido en tu vida. ¿Lo ves? ¡Puedes tener buenos pensamientos!

Señor, cuando lleguen a mi mente pensamientos o imágenes malas, por favor recuérdame todas las cosas agradables y correctas en las que puedo pensar.

Nuestra roca

Nadie es santo como el Señor;
no hay roca como nuestro Dios.
¡No hay nadie como él!
1 Samuel 2:2, NVI

¿Cuál es la roca más grande que has visto? ¿Intentaste levantarla? ¿Cuán pesada crees que era? Las rocas son fuertes y seguras, y las más grandes son casi imposibles de mover.

Cuando comenzamos a preocuparnos, o tenemos miedo, pensemos en Dios como una roca. Sin importar lo que estemos atravesando, Él no se moverá. ¡Puedes confiar en Él!

Dios, estoy muy agradecido porque tú eres mi roca y mi fortaleza. Te pido que recuerde acudir a ti en primer lugar en todo lo que haga.

MARZO

El Señor es compasivo y justo;
nuestro Dios es todo ternura.

Salmos 116:5, NVI

Dios poderoso

¡Oh SEÑOR Soberano! Hiciste los cielos y la tierra con tu mano fuerte y tu brazo poderoso. ¡Nada es demasiado difícil para ti!

JEREMÍAS 32:17

Cuando llegas a casa después de hacer la compra con tu papá o tu mamá, podrían pedirte que ayudes llevando algunas de las bolsas. A veces, esas bolsas pueden ser pesadas, especialmente cuando hay una botella grande de leche o de jugo en el interior. Podrías recordar alguna vez en que no podías con la bolsa y tuviste que ponerla en el suelo.

Hay veces en las que las cosas son demasiado difíciles, pero la Biblia dice que nada hay demasiado difícil para Dios. ¡Nada! Él puede manejarlo todo. Su poder es tan grande, que Él creó todo. ¡Qué Dios tan poderoso!

Señor, gracias por crear los cielos y la tierra. Sé que nada es demasiado difícil para ti.

MARZO 2

No hay amor mayor

En esto conocemos lo que es el amor:
en que Jesucristo entregó su vida por nosotros.
Así también nosotros debemos entregar la vida
por nuestros hermanos.

1 JUAN 3:16, NVI

No hay un ejemplo mejor de amor que Jesucristo. Él entregó toda su vida por amor. Él dejó los hermosos cielos y vino a la tierra para que tú pudieras estar con Él para siempre. ¡Él hizo lo que era mejor para ti!

Aunque muchos de nosotros realmente no tendremos que morir por otra persona, hay muchas maneras de demostrar nuestro amor por los demás. La mejor manera de mostrar amor es pensar en lo que es mejor para la otra persona, igual a lo que Jesús hizo por ti.

Jesús, gracias por renunciar a tu vida en el cielo y venir a la tierra para rescatarme del pecado. Ayúdame a amar a los demás como tú me amas a mí.

Valentía

¡Sé fuerte y valiente! No tengas miedo ni te desanimes, porque el SEÑOR tu Dios está contigo dondequiera que vayas.

JOSUÉ 1:9

¿Qué se siente al estar de pie delante de la clase para leer algo en voz alta, o para hablar de un proyecto que terminaste? ¿Te pones un poco nervioso? ¿Te pones muy nervioso? No te preocupes, pues la mayoría de la gente tiene miedo a hablar delante de grupos de personas.

Quizá la próxima vez que enfrentes algo que te ponga nervioso, puedes recordar que tienes un Dios grande y fuerte que está a tu lado. Él puede darte la valentía para hacer cualquier cosa. Por lo tanto, ¡respira profundo y relájate! Dios está de tu lado.

Dios, te pido que me ayudes a vencer mis temores recordando que tú estás conmigo siempre. Gracias por tu fortaleza.

Comparte el amor

¿Lo que les escribo los anima en Cristo? ¿Quieren consolarme mostrándome cuánto me aman? ¿Compartimos el mismo Espíritu? ¿Me tienen verdadero afecto y compasión? Entonces voy a pedirles algo que me haría completamente feliz: tengan la misma manera de pensar, el mismo amor y las mismas metas.

FILIPENSES 2:1-2, PDT

Algunas escuelas tienen un banco especial donde puedes ir y sentarte cuando te sientes solo y necesitas algunos amigos. Se llama banco de la amistad. Si ves a alguien sentado en ese banco, puedes acercarte y preguntarle si quiere jugar contigo. ¿Por qué esta es una idea tan buena? ¡Porque todos saben que no es divertido estar solo!

Jesús quiere que nos llevemos bien con los demás. Eso les hace saber a otros que estamos llenos de su amor. ¿Puedes hacer un esfuerzo para llevarte bien con los demás hoy?

Señor, ayúdame a ser un amigo increíble para que pueda compartir tu amor con otros.

Mantente alejado del mal

¡Ustedes, los que aman al Señor, odien el mal!
Él protege la vida de sus justos y los rescata
del poder de los perversos.
Salmos 97:10

¿Cuál es tu película favorita? La mayoría de las películas incluyen a algunos tipos buenos y a otros malos. Los malos por lo general intentan hacer cosas malvadas y destruirlo todo, pero los buenos ganan al final.

Dios nos pide que odiemos el mal porque quiere que nos mantengamos alejados de cosas que son equivocadas. Cuando observes cosas que son malas, asegúrate de mantenerte alejado de esas cosas. Pero no tienes que tener miedo al mal. Dios dice que cuando lo amas a Él, ¡Él te rescata!

Señor, gracias por guardarme del mal. Te pido por quienes están angustiados hoy, para que puedan ver tu luz.

Amor eterno

Con amor eterno te he amado
y por eso te sigo mostrando mi fiel amor.
JEREMÍAS 31:3, PDT

A veces pensamos en nosotros mismos y nos preguntamos por qué Dios nos amó. Quizá hemos hecho algo mal, o parece que no podemos hacer nada bien. No importa. Dios dice que nos ama: ¡siempre!

¿No es asombroso que Dios nos ame de este modo? ¿Quién más podría amarnos así? Piensa en el amor de Dios porque es para ti hoy, mañana, y para siempre.

Padre, gracias por amarme a pesar de todo. Que tu amor por mí sea un recordatorio para que ame bien a otros.

Mantén la calma

No te enojes con facilidad,
porque enojarse es una tontería.
ECLESIASTÉS 7:9, PDT

Tu hermano te tira del cabello y hace que quieras gritar. Tienes mal todas las respuestas en la escuela y te sientes frustrado. Un amigo te trata injustamente y se forma enojo en tu interior. ¡Una cosa más y estallarás!

Si hay algo peor que el enojo, es sentirte un tonto. La Biblia dice que, si cedemos a ese arrebato de enojo rápido, somos unos tontos. El poder del Espíritu Santo puede mantenerte en calma, y Él te ayudará cuando se lo pidas.

Señor, ayúdame cuando estoy enojado. Te pido que otros vean paciencia en mí cuando respondo de una buena manera a las situaciones frustrantes.

El Señor se deleita en su pueblo;
él corona al humilde con victoria.
Salmos 149:4

¡El Señor se agrada de ti! Él se deleita en ti. Está muy feliz al pensar en ti. Él nos dice eso en su Palabra. ¡Le encanta el hecho de que tú naciste!

Él te creó para que tuvieras una relación con Él, y se alegra mucho por eso.

Guárdalo en tu corazón: hay alguien que te ama más que a nada, y le encanta pasar tiempo contigo.

Padre, me hace sonreír saber que tú te deleitas en tu pueblo. ¡Gracias por amarme de ese modo!

No tengas miedo

No tengas miedo, porque yo estoy contigo;
no te desalientes, porque yo soy tu Dios.
Te daré fuerzas y te ayudaré;
te sostendré con mi mano derecha victoriosa.
ISAÍAS 41:10

¿Hay algo que te preocupa, que no hace que te sientas bien con las cosas? El Señor nos dice que no tenemos que tener miedo. Él nos dará fuerzas y nos ayudará. Él nos sostiene en sus manos.

Piensa en un sendero escarpado de un monte bordeado por un gran precipicio. Imagínate a ti mismo caminando por ese sendero. Podrías pensar que puedes caerte. Ahora imagina a Dios a tu lado, sosteniéndote. Él no va a dejarte caer, y te dará las fuerzas para dar un paso más. ¡Es su promesa para ti!

Señor, no tengo que tener miedo porque tú me sostienes, me mantienes a salvo y protegido de cualquier cosa que la vida lance en mi camino.

Regalo eterno

Pero el amor del Señor permanece para siempre con los que le temen. ¡Su salvación se extiende a los hijos de los hijos de los que son fieles a su pacto, de los que obedecen sus mandamientos!

Salmos 103:17-18

¿Cómo son tus abuelos? ¿Los llamas Abuela, Abuelo, Nana o Papa? Quizá tienes otros nombres estupendos para ellos. Los abuelos nos recuerdan que el amor de la familia continúa. Ellos aman a tus padres, y te aman a ti.

Así es Dios: Él ama, y ama, y sigue amando. Lo mejor que puedes hacer es amarlo a Él también. ¡Esto hace que el amor continúe para siempre!

Padre, me sorprende tu amor y cómo lo das gratuitamente. Ayúdame a amarte también, siempre.

Ejemplo de amor

Este mandamiento nuevo les doy: que se amen los unos a los otros. Así como yo los he amado, también ustedes deben amarse los unos a los otros. De este modo todos sabrán que son mis discípulos.

JUAN 13:34-35, NVI

¿Cómo sabes cuando la gente es agradable? Sonríen, comparten, y dicen cosas amables. Nos sentimos bien cuando estamos con personas agradables. Las personas agradables parecen tener muchos amigos.

Jesús dijo que podemos mostrar su amor al amarnos los unos a los otros. Las personas pueden saber que hay algo maravilloso en ti y en Jesús, ¡solo observando cómo tratas a otras personas! ¿No es genial? No tenemos que decir nada; ¡Jesús solo nos pide que nos amemos los unos a los otros!

Señor, abre mis ojos para ver dónde puedo ser un ejemplo de tu amor hoy. Que otros te vean a ti en mí en todo lo que diga y haga.

Esperanza en su Palabra

Tú eres mi escondite y mi escudo;
en tu palabra he puesto mi esperanza.
SALMOS 119:114, NVI

Esperanza significa mirar adelante a algo y emocionarte por lo que va a llegar. ¿Alguna vez te has sentido de ese modo acerca de leer la Biblia?

Dios nos protege y quiere lo que es mejor para nosotros, de modo que nos dio la Biblia llena de promesas. Siempre podemos acudir a ella si comenzamos a preguntarnos sobre cosas o queremos recibir fuerzas, valentía o amor; porque Dios y su verdad están ahí.

Padre, gracias por darnos la Biblia. Te pido que pueda encontrar esperanza y paz en tu Palabra.

No abandones

¡Alaben al Señor porque él es bueno,
y su gran amor perdura para siempre!
1 Crónicas 16:34, NVI

¿Cuál es tu juego de mesa favorito? ¿Alguna vez estabas jugando a un juego en el que iba ganando otra persona, y quisiste abandonar?

Dios nunca tiene ganas de darse por vencido con nosotros. ¿No es asombroso? Él no está sentado en su trono con el ceño fruncido, enojado con nosotros por todos nuestros errores. Él no se sorprende por nada que hagamos. Simplemente nos ama, y quiere ayudarnos a seguir. Él quiere que sepamos que no estamos solos.

Padre, gracias por tu amor fuerte que me ayuda en todo. Ayúdame a recordar tu amor cuando me sienta perdido o solo. Sé que tú nunca me abandonarás.

La emoción de la búsqueda

El que busca la justicia y el amor inagotable encontrará vida, justicia y honor.
PROVERBIOS 21:21

¿Te gustan las búsquedas del tesoro? ¡Intentar encontrar regalos, dinero o dulces es bastante emocionante! Eso es lo que significa buscar algo: ¡mirar y mirar hasta encontrarlo!

Si queremos vivir una vida que realmente signifique algo, debemos buscar a Dios. Siempre debemos estar buscándolo a Él y buscando lo que es bueno y verdadero. Es como encontrar el mejor huevo de Pascua dorado, ¡pero es mejor porque hemos encontrado una vida en el cielo donde hay tesoros en todas partes!

Señor, te pido tu ayuda para encontrar vida verdadera en ti. Mantenme en tu camino mientras continúo mi búsqueda.

Lluvia para crecer

¡Alégrense en el Señor su Dios!
Pues la lluvia que él envía demuestra su fidelidad.
Volverán las lluvias de otoño,
así como las de primavera.
Joel 2:23

¿Sabes cómo se ven las plantas cuando no han recibido nada de agua? Se ven marrones y mustias. A veces, nosotros nos sentimos como una planta marrón y mustia. Podemos sentirnos tristes, cansados, y no muy alegres.

Dios se interesa por nosotros lo suficiente para ayudarnos a acercarnos a Él. Nos dice cosas optimistas que pueden ser como agua para un árbol seco. Él quiere vernos haciendo grandes cosas, como el modo en que un árbol comienza a dar fruto cuando lo riegan. Dios seguirá dándonos lo que necesitamos para crecer.

Señor, gracias por protegerme para que no me seque. Tú me das todo lo que necesito para crecer y estar alegre.

Descansa tranquilo

¡Alaben al Señor; alaben a Dios nuestro salvador! Pues cada día nos lleva en sus brazos.

Salmos 68:19

¿Has tenido alguna vez tantas cosas en tu mochila escolar que se hizo realmente difícil cargarla? ¿Cómo te sientes cuando un amigo o un padre agarra esa mochila y la carga por ti? Es un alivio, ¿verdad?

A veces, nuestros corazones sienten que tienen demasiadas cosas que cargar. Nos sentimos temerosos, tristes o solos. La Biblia dice que Jesús viene y se lleva esa pesadez. ¡Qué alivio saber que Él está listo para hacer eso siempre que se lo pidamos!

Señor, gracias por ser lo bastante fuerte para cargar las cosas que pesan en mi corazón. ¡Te las entrego a ti alegremente!

MARZO 17

Él pelea por ti

En todo esto somos más que vencedores por medio de aquel que nos amó.
ROMANOS 8:37, NVI

Imagina que estás peleando una batalla con todas tus fuerzas. Hay espadas volando y personas cayendo, pero entonces, de repente ves a un líder valiente en el frente derribando dragones a izquierda y a derecha. Cualquiera que se atreva a atacarlo pierde por goleada, porque Él tiene mucha destreza y fuerza. ¡Ese líder es Jesús y Él pelea por ti!

Jesús nos llena de su fuerza y su valentía para enfrentar todo lo que venga a nuestro camino. Él está de nuestro lado, y nada puede derribarnos. Nada puede derrotarnos. Nada es demasiado difícil para Jesús.

Padre, gracias por pelear mis batallas por mí. Te pido que pueda acudir a ti cada vez que necesite ayuda.

Siempre fiel

Mantengámonos firmes sin titubear en la esperanza que afirmamos, porque se puede confiar en que Dios cumplirá su promesa.

HEBREOS 10:23

Puede ser decepcionante cuando tenemos planes y entonces, por algún motivo, no se cumplen. Quizá tu amigo no pudo ir a tu casa porque se enfermó, o tu familia estaba planeando ir a la playa y comenzó a llover. Algunas veces, ¡las personas no llegan cuando dijeron que lo harían!

Dios no es como ninguna de esas situaciones. La Biblia dice que Él es fiel, y eso significa que Él siempre, siempre, siempre hace lo que ha prometido. Puedes confiar en Él.

Señor, te pido que te recuerde siempre a ti y las promesas que tú has hecho. Mi esperanza está en ti.

Su canto de amor

El SEÑOR tu Dios vive en medio de ti.
Él es un poderoso salvador.
Se deleitará en ti con alegría.
Con su amor calmará todos tus temores.
Se gozará por ti con cantos de alegría.

SOFONÍAS 3:17

Una de las razones más populares por las que la gente compra cachorros es porque siempre hay alguien que se emociona al verlos cuando llegan a casa. Un cachorro perdona rápidamente, y le gusta pasar con su dueño todo el tiempo que sea posible.

¡Sonríe! ¡El Señor te ama con más emoción que un cachorro! Él se alegra tanto por su relación contigo, ¡que canta por eso!

Señor, te pido que pueda escuchar tu canto mientras recuerdo lo mucho que me amas.

Amistad íntima

Que la gracia del Señor Jesucristo,
el amor de Dios y la comunión del Espíritu Santo
sean con todos ustedes.

2 CORINTIOS 13:14

¿Qué te gusta hacer con tus amigos? ¿Los invitas a tus fiestas? ¿Juegas con ellos? ¿Te gusta conversar con ellos de cosas interesantes?

¡Dios quiere ser tu amigo! Hay una amistad especial entre Dios, Jesús y el Espíritu Santo, y quieren que tú te unas a esta amistad. La mejor manera de ser un buen amigo de Dios es conversar con Él. Tú no ves a Dios, ¡pero Él te ve y le importa todo lo que tienes que decir!

Señor, tú me consideras un amigo, y creo que eso es estupendo. Ayúdame a ser un buen amigo tuyo hablando contigo y escuchándote.

Buenas noticias

Den gracias al Señor y proclamen su grandeza;
que todo el mundo sepa lo que él ha hecho.
Canten a él; sí, cántenle alabanzas.
Cuéntenle a todo el mundo acerca
de sus obras maravillosas.
Regocíjense por su santo nombre;
alégrense ustedes, los que adoran al Señor.

1 Crónicas 16:8-10

¿Cómo sabes cuando ha sucedido algo realmente genial, como cuando tienes un nuevo hermano o hermana, o cuando tu equipo favorito está ganando un juego? Tus padres probablemente te dan la gran noticia, o a veces lo lees o lo ves en tu computadora.

Dios es la imagen de todo lo bueno. Él ha hecho muchas cosas maravillosas por nosotros. ¡Hablemos a otros sobre las cosas buenas que Él ha hecho!

Señor, gracias por todo lo que tú has hecho por mí. Ayúdame a compartir tus buenas noticias con otros.

La mejor ropa

Dado que Dios los eligió para que sean su pueblo santo y amado por él, ustedes tienen que vestirse de tierna compasión, bondad, humildad, gentileza y paciencia.

COLOSENSES 3:12

¿Qué ropa favorita te gusta ponerte? ¿Es cierta chaqueta, o camiseta? Quizá te gusta vestirte bien con un disfraz, ¡o tal vez te gusta llevar el pijama!

La Biblia habla de ponernos ropa de bondad, humildad y paciencia. ¿Cómo se vería eso? Tomaríamos la decisión de ser una persona buena, amable y amorosa. Cuando recordemos ser buenos, humildes y amables, siempre sentiremos que estamos vistiendo nuestra mejor ropa.

Padre, ayúdame a recordar vestirme adecuadamente hoy, poniéndome cosas buenas como bondad, paciencia, amor y amabilidad.

Cada vez más fuerte

Pido al Padre que Cristo viva en ustedes por la fe y que su amor sea la raíz y el cimiento de su vida. Así podrán comprender con todo el pueblo santo de Dios cuán ancho y largo, cuán alto y profundo, es su amor. El amor de Cristo es tan grande que supera todo conocimiento. Pero a pesar de eso, pido a Dios que lo puedan conocer, de manera que se llenen completamente de todo lo que Dios es.

EFESIOS 3:17-19, PDT

Los mejores árboles a los que subir son los grandes, porque tienen muchas ramas realmente fuertes. Los árboles más grandes y más fuertes tienen raíces que han crecido tan profundo en la tierra, ¡que son casi tan grandes como el árbol mismo!

Confiar en las promesas de Dios es parecido a un árbol que crece. Cuando llegas a conocer a Jesús, tu relación con Él es cada vez más fuerte. Cuando su Espíritu Santo te llena, tu amor crece. Cuando tu amor crece, tu fe crecerá, y en Él harás grandes cosas.

Padre celestial, ayúdame a ser cada vez más fuerte en ti al entender más y más de tu amor.

Pide con confianza

Así que acerquémonos con toda confianza al trono de la gracia de nuestro Dios. Allí recibiremos su misericordia y encontraremos la gracia que nos ayudará cuando más la necesitemos.

HEBREOS 4:16

Cuando no sabes cómo hacer algo en la escuela, ¿qué haces? No puedes quedarte sentado ahí y esperar a que alguien te lo diga. Tienes que encontrar a alguien que sepa hacerlo y pedirle que te ayude. A los maestros les encanta cuando les dices que no llegas a entender algo.

¡Dios es igual! Le da alegría poder ayudarte cuando lo necesitas, porque te ama y quiere lo que es mejor para ti. Sé valiente; ¡pídele ayuda a Él!

Señor, gracias porque quieres ayudarme. Sé que puedo acudir a ti con todas mis necesidades.

Los sueños más fantásticos

Gloria sea a Dios, que puede hacer muchísimo más de lo que nosotros pedimos o pensamos, gracias a su poder que actúa en nosotros. ¡Gloria a Dios en la iglesia y en Cristo Jesús, por todos los siglos y para siempre! Amén.

EFESIOS 3:20-21, DHH

¿Sabes qué necesitan los barcos para ir muy rápido? Necesitan un motor grande, ¡o necesitan un viento que sople realmente fuerte!

Hay muchas cosas que quizá quieres hacer cuando seas mayor, como llegar a ser médico, o mecánico, ¡o un chef muy bueno! El versículo de la Biblia dice que Dios puede hacer cosas aún más grandes por ti de las que puedes soñar ahora. Dios es como ese gran motor o un viento realmente fuerte. ¡Él te mantendrá avanzando fuerte y rápido!

Padre, gracias porque puedo hacer mucho más contigo de lo que jamás podría hacer yo solo.

Victoria sobre las luchas

¡Pero gracias a Dios, que nos da la victoria por medio de nuestro Señor Jesucristo!

1 CORINTIOS 15:57, DHH

A veces es muy difícil perder un juego porque sabemos lo bien que se siente ganar. A todo el mundo le gusta ganar. Bueno, ¿sabes qué? Cuando conocemos a Jesús, ¡sabemos que estamos en el lado ganador!

No importa lo que esté sucediendo a tu alrededor, Jesús te dará todo lo bueno que necesites. Fortaleza, alegría, valentía, amor. Al final, estaremos con Él y con todos los que le aman en el cielo.
¡Nosotros ganamos!

Jesús, gracias porque estoy en tu lado ganador. ¡Estoy emocionado por todas las cosas buenas que tienes para mi vida!

Bueno sin esfuerzo

Porque el SEÑOR es bueno y su gran amor es eterno; su fidelidad permanece para siempre.

SALMOS 100:5, NVI

¿Alguna vez has visto las manillas del reloj dar vueltas y vueltas, o lo has oído hacer ese ruido de tictac? Sigue y no para. Un reloj es un círculo porque nunca termina, ¡igual que el tiempo; nunca termina!

Dios es quien hizo ese tiempo, ¡y su amor es como ese reloj! Sigue dando vueltas y vueltas, en todos los tiempos antes de nosotros y seguirá en todos los tiempos que tenemos por delante. Él es siempre bueno, y su amor es para siempre.

Padre, te pido que pueda recordar tu amor eterno y sepa que es para todos.

Mantén tu territorio

Permanezcan firmes y no dejen que nada los haga cambiar. Dedíquense totalmente a trabajar para el Señor, bien saben que su trabajo no es en vano.

1 Corintios 15:58, PDT

¿Te encargan tus padres tareas en la casa? Podrían pedirte que saques la basura, o que ayudes a lavar los platos, o que pongas la mesa. Podría haber algunas tareas un poco repugnantes, como limpiar los inodoros.

¿Y si esas tareas no se hicieran? Tendríamos una casa llena de basura, platos con restos de comida pegada, ¡y también inodoros sucios! Dios quiere que ayudemos a nuestros padres. ¡Todos tienen que trabajar! Dios observa todo el trabajo duro que haces, y te recompensará por hacerlo.

Señor, ayúdame a estar alegre con las tareas que mis padres me encargan que haga. Ayúdame a recordar que, cuando ayudo a otros, tú te pones contento.

MARZO 29

Siempre puedes orar

En primer lugar, te ruego que ores por todos los seres humanos. Pídele a Dios que los ayude; intercede en su favor, y da gracias por ellos. Ora de ese modo por los reyes y por todos los que están en autoridad, para que podamos tener una vida pacífica y tranquila, caracterizada por la devoción a Dios y la dignidad.

1 TIMOTEO 2:1-2

¿Te preguntas alguna vez por qué cosas puedes orar? Puede ser difícil pensar en cosas. Bueno, la Biblia dice que puedes comenzar orando por personas. Podrías pedir a Dios que lleve felicidad a los niños en otros países, o que ayude a los niños en la escuela a ser valientes. Puedes pedir por todas las personas que conoces, como tus maestros, personas en la iglesia y tu propia familia.

Incluso deberíamos orar por los líderes de nuestro país, para que puedan dirigirnos mejor. Si piensas en personas, ¡tendrás mucho por lo que orar!

Padre, gracias por escucharme cuando oro. Ayúdame a pensar en personas que necesitan mi oración, y recuérdame orar por ellos cada día.

Tus pensamientos

Permitir que la naturaleza pecaminosa les controle la mente lleva a la muerte. Pero permitir que el Espíritu les controle la mente lleva a la vida y a la paz.

ROMANOS 8:6

Tus padres manejan un auto usando el volante. Controlan por dónde va el auto girando sus manos a la derecha o a la izquierda. ¿Sabías que puedes controlar tu mente de este modo? ¡Tú decides qué pensar!

Los pensamientos en tu mente son muy poderosos. Las acciones que realizas vienen de los pensamientos que piensas, de modo que los buenos pensamientos llevan a buenas acciones. Los malos pensamientos llevan a malas acciones. Ten cuidado con lo que piensas, y asegúrate de que esas cosas honren a Dios.

Padre, por favor lléname hoy de más de tu Espíritu Santo para que pueda controlar mi mente y decidir tener más paz.

Cosas que no sabes

Yo, el Señor, que hice la tierra, la formé y la coloqué firmemente en su sitio, te digo: Llámame y te responderé, y te anunciaré cosas grandes y misteriosas que tú ignoras.

JEREMÍAS 33:2-3, DHH

¿Te has preguntado alguna vez cómo el océano es tan profundo, o por qué el cielo es azul? ¿Sabes por qué algunos árboles crecen muy altos y otros son pequeños? ¡La tierra es asombrosa! Dios creó esta tierra, de modo que sabe exactamente cómo funciona todo.

Dios puede ayudarte a entender algunas de las cosas que no sabes. Él quiere que comprendas más sobre la vida, sobre la tierra, sobre el tipo de persona que Él te hizo ser. Él dice que responderá tus preguntas, así que ¡pregunta!

Padre, tú eres un creador asombroso. Tengo muchas preguntas, y te pido que me muestres las respuestas.

ABRIL

Pues si ustedes, aun siendo malos,
saben dar cosas buenas a sus hijos,
¡cuánto más su Padre que está en el cielo
dará cosas buenas a los que le pidan!

Mateo 7:11, NVI

Todo nuestro ser

Nosotros oramos para que Dios mismo,
el Dios de paz, los purifique completamente
para que pertenezcan sólo a él.
También pedimos para que todo su ser:
su espíritu, su alma y su cuerpo
permanezcan siempre sin mancha
para cuando el Señor Jesucristo regrese.

1 TESALONICENSES 5:23, PDT

¿Alguna vez te gustaría estar en dos lugares a la vez? Quizá tienes que escoger entre fiestas de cumpleaños, o si irás con mamá o papá. Puede que tengas que terminar tus tareas, pero también tienes muchas ganas de jugar. Solo podemos estar en un lugar cada vez, ¿cierto? Así es como funcionan nuestro cuerpo, mente y sentimientos: juntos.

Jesús vino para sanar por completo todo en nosotros: nuestro cuerpo, nuestra mente y nuestros sentimientos. Él quiere que todo nuestro ser esté bien.

Jesús, gracias porque tú te ocupas de que tenga un cuerpo sano, una mente sana y sentimientos sanos. Sana todo eso en mí, en tu nombre.

Siéntate

"Hay una sola cosa por la que vale la pena preocuparse. María la ha descubierto, y nadie se la quitará".
LUCAS 10:42

Las mamás pueden ser personas realmente ocupadas, ¿no es cierto? Tienen muchas cosas que hacer. Trabajan, se ocupan de los niños, limpian y cocinan. ¿Te gustaría que algunas veces tu mamá se detuviera y se sentara contigo?

Marta y María eran hermanas en la Biblia, y Marta tenía muchas cosas que hacer, igual que una mamá ocupada. María quizá también tenía mucho que hacer, pero en una ocasión decidió sentarse con Jesús y escucharlo. Jesús pensó que eso era más importante que hacer todo el trabajo, ¿no lo crees tú también?

Jesús, ayúdame a ser como María y darme cuenta de cuán importante es pasar tiempo escuchándote a ti.

Luz de amor

Ustedes son un pueblo elegido. Son sacerdotes del Rey, una nación santa, posesión exclusiva de Dios. Por eso pueden mostrar a otros la bondad de Dios, pues él los ha llamado a salir de la oscuridad y entrar en su luz maravillosa.

1 Pedro 2:9

¿Cómo es cuando apagas por primera vez la luz en la noche? Puede estar bastante oscuro si no tienes ningún tipo de luz. ¿Dejas una luz encendida en otro cuarto para así poder ver un poco? Nos sentimos mejor cuando podemos ver, ¿no es cierto?

Antes de conocer a Jesús, éramos como personas sin una luz, con miedo a la oscuridad. ¡Ahora la vida es brillante! Jesús es nuestra lámpara que nos da valentía, fuerza y paz.

Señor, gracias porque nuestra oscuridad se ha ido. Quiero vivir solamente en la luz de tu amor.

Superhéroe

Pero ahora, oh Jacob, escucha al Señor, quien te creó.
Oh Israel, el que te formó dice:
No tengas miedo, porque he pagado tu rescate;
te he llamado por tu nombre; eres mío.

Isaías 43:1

¿Quién es tu superhéroe favorito? ¿Es Superman, Batman, el Hombre Araña, o la Mujer Maravilla? Quizá es otro. Un superhéroe es asombroso, porque puede oír cuando la gente necesita ayuda y es rápido y fuerte. Parece que siempre salva a las personas de los problemas.

Jesús es el mejor superhéroe. Él dice que no tengas miedo porque te ha rescatado de lo peor; Él te ha rescatado de la muerte. Nunca tienes que tener miedo porque Él te ha dado vida eterna en el cielo.

Señor, estoy muy contento porque soy tuyo. Gracias por salvarme de la muerte. ¡Tú eres mi mejor superhéroe!

Atrévete

Dios no nos ha dado un espíritu de temor y timidez sino de poder, amor y autodisciplina.

2 Timoteo 1:7

Cuando Jesús dejó la tierra para ir al cielo, envió su Espíritu Santo. No podemos ver al Espíritu Santo, pero podemos pedirle que nos ayude todo el tiempo.

Puedes saber que el Espíritu Santo te ha ayudado cuando te das cuenta de que ya no tienes miedo, o cuando tienes mucha fuerza o amor. Sabes que Él te está ayudando cuando parece que haces cosas buenas muchas veces. ¿Estás dejando que el Espíritu Santo te ayude hoy?

Espíritu Santo, gracias porque tú caminas conmigo cada día. Acuérdame pedirte ayuda siempre.

Esperar y orar

Alégrense por la esperanza segura que tenemos. Tengan paciencia en las dificultades y sigan orando.

ROMANOS 12:12

¿Has ido alguna vez a un parque de diversiones y tuviste que esperar en la fila por mucho tiempo para subirte a una atracción? Quizá has ido a un cine y tuviste que esperar un rato antes de que comenzara la película. ¡Puede ser difícil esperar!

Dios ha prometido que un día Él restaurará todo en la tierra otra vez. Tendremos un cielo nuevo y una tierra nueva, y ya no habrá más problemas. ¡Pero tenemos que esperar! ¿Puedes esperar con paciencia? La Biblia dice que seamos pacientes y sigamos orando, ¡porque sucederá!

Señor, gracias porque tú planeas cosas grandes para nuestras vidas y para este mundo. Ayúdame a seguir orando, sabiendo que tú lo estás planeando todo bien.

ABRIL 7

Sigue sus normas

Te alabaré con corazón sincero
cuando haya aprendido tus justos decretos.
SALMOS 119:7, DHH

Piensa en ir en un auto sin ningún semáforo ni líneas en la carretera. El auto no sabría en qué lado de la carretera circular, y nadie se detendría para esperar a que pasen otros vehículos. Sería un caos, ¡y habría muchos accidentes!

Jesús nos da normas realmente buenas. Son normas que serán útiles para tomar decisiones, y normas que nos mantendrán a salvo a nosotros y a los demás. ¡Busca sus normas en la Biblia y decide seguirlo a Él! Él sabe lo que es mejor para nosotros.

Padre, ¡te escojo a ti! Ayúdame a vivir según tus normas para que pueda mantenerme seguro y contento.

Sin rencores

Sean buenos y compasivos los unos con los otros, y perdónense, así como Dios los perdonó a ustedes por medio de Cristo.

EFESIOS 4:32, TLA

¿Alguna vez has visto lo que le sucede a la mantequilla cuando la dejas al aire libre? ¿Has visto lo que le sucede al queso? Bueno, la mantequilla se funde, y el queso se endurece mucho.

¿Sabías que Jesús quiere que seamos blandos, como esa mantequilla? Cuando alguien te hace daño, tienes ganas de enojarte y hacer algo para devolverle el daño. Pero perdonar a alguien significa que te alejas, ¡y lo amas de todos modos! Es difícil, pero recuerda que eso es lo que Jesús hizo por todos nosotros.

Señor, gracias por perdonarme por todas las cosas malas que hago. Ayúdame a ser blando con los demás y perdonarlos como tú lo haces.

Mucho más fuerte

Fortalézcanse con el gran poder del Señor.
EFESIOS 6:10, NVI

¿Sabes cuánto poder y fuerza tienes? No lo parece cuando eres joven y más pequeño que otros, pero el poder viene de Jesús, no de ti. Se llama el Espíritu Santo, y Él está listo para darte su fuerza cuando tú no tengas ninguna.

Dios es poderoso, y Él comparte alegremente su fuerza con nosotros para que podamos enfrentar cualquier cosa ¡como un atleta olímpico o un héroe!

Señor, me asombran tu poder y tu fuerza. Estoy muy agradecido porque tú me haces fuerte.

Trabajar con alegría

*Hagan lo que hagan, trabajen de buena gana,
como para el Señor y no como para nadie
en este mundo, conscientes de que el Señor
los recompensará con la herencia.
Ustedes sirven a Cristo el Señor.*

COLOSENSES 3:23-24, NVI

A veces tenemos que trabajar, como por ejemplo haciendo la tarea escolar o trabajos que tus padres te piden que hagas. Algunas veces esas tareas pueden ser divertidas, ¡y otras veces pueden ser aburridas! La Biblia dice que recordemos que hacemos nuestras tareas para Dios, y no solo para el maestro o para nuestros padres.

Dios nos ama mucho, y se nos promete una recompensa mejor que cualquier cosa que podamos imaginar si trabajamos duro. Si piensas así en tu trabajo, te sorprenderá cuánto te ayuda eso.

Señor, quiero servirte a ti. Me emociona recibir mi recompensa de ti. Ayúdame a trabajar con todo mi corazón, sabiendo que te estoy agradando a ti.

ABRIL 11

La Roca

Confíen siempre en el Señor,
porque el Señor Dios es la Roca eterna.
Isaías 26:4

¿En qué piensas cuando piensas en una roca? ¿Piensas en palabras como sólida, fuerte y firme? Dios es como una roca: Él es sólido y confiable. Él es más que bastante fuerte para ti.

Es fácil confiar en alguien que es firme, ¿cierto? Sabes que siempre estará a tu lado. ¡Así es nuestro Dios! Sonríe. Relájate. Dios nunca te decepcionará.

Señor, gracias por ser mi roca. No puedo imaginar la vida sin ti. Sé que tú siempre eres lo bastante fuerte para mí.

¡No te pierdas!

Que el Señor los ayude a entender el amor de Dios y la paciencia de Cristo.

2 TESALONICENSES 3:5, PDT

¿Alguna vez te has perdido en una tienda y no podías encontrar a tus padres? Puede dar bastante miedo. Lo único necesario es caminar en una dirección diferente o esconderte detrás de un banco, ¡y de repente no sabes dónde ha ido tu familia!

Tenemos que seguir a Jesús de cerca. Él siempre sabe dónde estamos, pero necesitamos asegurarnos de que sabemos dónde está Él y dónde quiere que vayamos. Síguelo a Él, recordando amarlo en todo lo que hagas.

Señor, gracias por guiarme por el camino que tú quieres que vaya. Te pido que acuda a ti cada vez que sea tentado a ir en la dirección equivocada.

ABRIL 13

Grandes recompensas

Tengan paciencia y hagan la voluntad de Dios para que reciban lo prometido.

HEBREOS 10:36, PDT

¿Te gustan los columpios? ¿Cuán alto puedes llegar? ¿Qué sucedería si te soltaras de las cuerdas del columpio? ¡Te caerías! Es importante que nos agarremos porque eso es lo que nos ayuda a subir más alto.

La Biblia dice que tenemos que agarrarnos a Dios de ese modo. Eso significa que no dejamos de seguirlo a Él todos los días de nuestra vida. Él nos ha prometido una vida en el cielo, de modo que nunca te sueltes de Él.

Señor, gracias por tus promesas. ¡Tengo muchas ganas de recibir tu regalo de la vida eterna!

Sed de Jesús

¡Dios mío, tú eres mi Dios!
Con ansias te busco, pues tengo sed de ti;
mi ser entero te desea,
cual tierra árida, sedienta, sin agua.
SALMOS 63:1, DHH

¿Has visto cómo es el aspecto de un desierto? Es un lugar muy caluroso, lleno de arena y sin agua por ninguna parte. No hay muchas cosas que puedan vivir en un desierto. ¿Cómo sería estar en un desierto caluroso y vacío sin agua?

Cuando pensemos en Dios como lo más importante en nuestra vida, querremos estar con Él del mismo modo que querríamos agua en un desierto. Es bueno querer saber más sobre Dios y querer estar más cerca de Él.

Padre, quiero estar más cerca de ti. Gracias porque tú me permites conocerte mejor cada día.

ABRIL 15

¡No te puedes esconder!

No hay nada creado en el mundo que se pueda esconder de Dios; todo está desnudo y expuesto a su vista. Es a él a quien tendremos que rendirle cuentas de nuestra vida.

HEBREOS 4:13, PDT

No podemos esconderle a Dios nada. Eso podría dar miedo algunas veces, porque tenemos pequeños secretos que preferimos que se queden escondidos. Deberías sentirte seguro sabiendo que Dios lo ve y lo sabe todo, ¡y aun así te ama!

No hay nada que podamos hacer para que Él deje de amarnos. Dios sabe cuándo hemos metido la pata, y nos toma de la mano y nos ama a pesar de todo. ¡Qué bueno es Dios!

Señor, gracias por conocerme tan bien. Tú sabes dónde cometo errores y me amas de todos modos.

Enfoque en primer plano

El Señor observa desde el cielo
y ve a toda la humanidad; él contempla
desde su trono a todos los habitantes de la tierra.
Él es quien formó el corazón de todos,
y quien conoce a fondo todas sus acciones.

Salmos 33:13-15, nvi

Cuando miras mapas en una computadora, normalmente puedes ver países enteros, ciudades y pueblos. Es genial ver las cosas desde tan alto. Puedes ver dónde están los ríos, las calles, los edificios y las granjas.

Dios puede vernos desde la distancia, pero también puede enfocar en primer plano y ver a cada persona. Él puede enfocar aún más cerca para ver tu corazón y tu mente, y sabe todo lo que sucede en tu interior. Él no solo te ve, también te comprende porque Él te creó.

Gracias por cuidar de mí, Señor.
Sé que tú me amas, porque me creaste.

ABRIL 17

Busca y encontrarás

Desde allí, buscarán nuevamente al SEÑOR su Dios.
Y si lo buscan con todo el corazón y con
toda el alma, lo encontrarán.
DEUTERONOMIO 4:29

Dios no se esconde de nosotros. No hace que nos resulte difícil encontrarlo. Simplemente tenemos que buscarlo, y Él se mostrará a nosotros.

Podría ser difícil encontrar algo que no puedes ver, pero podemos encontrar a Dios en la Biblia, cuando estamos orando, y cuando otras personas hablan sobre Él. Puedes encontrarlo cuando necesites sentirte seguro o amado. Puedes encontrarlo en cualquier lugar donde quieras encontrar la verdad.

Padre, gracias por hacer que sea tan fácil encontrar tu amor. Muéstrate a mí en este día.

Un sonido hermoso

Ama al Señor tu Dios, obedécelo y sé fiel a él, porque de él depende tu vida, y por él vivirás mucho tiempo en el territorio que juró dar a tus antepasados Abraham, Isaac y Jacob.

Deuteronomio 30:20, NVI

¿Te dicen tus padres que te mantengas al lado de ellos cuando cruzan la carretera? Quizá quieren que los agarres de la mano. La razón por la que lo hacen es porque quieren protegerte de los peligros de una carretera con mucho tráfico. Quieren mantenerte a salvo.

Dios también quiere mantenerte a salvo, y por eso te dice que te mantengas cerca de Él. Quiere que vivas una vida larga y feliz, igual que ha prometido a otros amigos suyos, como Abraham, Isaac y Jacob.

Padre, gracias por mantenerme a salvo. Ayúdame a mantenerme a tu lado para que pueda vivir una vida estupenda.

ABRIL 19

Una vida en abundancia

El ladrón no viene más que a robar, matar y destruir;
yo he venido para que tengan vida,
y la tengan en abundancia.

JUAN 10:10, NVI

En tiempos de la Biblia, los pastores de ovejas solían tener que vigilar atentamente a sus ovejas porque los lobos podían atacar, o ladrones podrían intentar robar las ovejas.

Jesús dice que Él es como un buen pastor que protege a sus ovejas de ser heridas. Jesús da vida a sus amigos, no muerte, y quiere que vivamos una vida estupenda.

Señor, gracias porque tú me rescatas y me das la oportunidad de vivir una vida maravillosa.

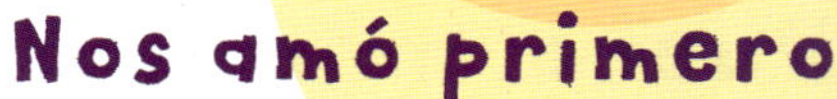

Nos amó primero

Nosotros amamos porque él nos amó primero.
1 JUAN 4:19, NVI

Cuando te has peleado con tu hermano, con tu hermana, o con un amigo, alguien tiene que ser el primero en decir "lo siento". Es difícil ser el primero en disculparse, pero siempre ayuda a la otra persona a sentirse mejor, y normalmente le ayuda a decir que él o ella también lo siente.

Así es como con las cosas con Dios. Él te amó primero. Él decidió crearte y darte vida. Él te conoce perfectamente, y ama cada parte de ti. Cuando sabes lo mucho que Él te ama, eso te hace querer amar igual. ¡Así es como funciona el amar primero!

Padre, gracias por amarme primero. Ayúdame a ser el tipo de persona que es el primero en mostrar amor a los demás.

ABRIL 21

Bueno, no malo

Prueben y vean que el Señor es bueno;
¡qué alegría para los que se refugian en él!
Salmos 34:8

¿Cómo sabes cuando una comida es buena o cuando es mala? ¡Cuando la pruebas! Te metes algo en la boca y rápidamente sabes si te gusta o no. ¿No es genial cuando lo que pruebas es delicioso?

Sabemos que Dios es bueno porque nos gusta lo que Él hace por nosotros. Cuando nos sentimos amados, cuidados y protegidos, sabemos que se debe a Dios. Sé feliz hoy, sabiendo que las cosas de Dios no son malas, ¡sino que son realmente buenas!

Señor, gracias por tu bondad. Gracias porque puedo probar y ver tu bondad que me rodea.

Enséñame

Guíame con tu verdad y enséñame,
porque tú eres el Dios que me salva.
Todo el día pongo en ti mi esperanza.
SALMOS 25:5

Piensa en cómo es tu maestro favorito. ¿Es amable? ¿Divertido? Quizá tu maestro favorito sabe explicar muy bien las cosas. Un buen maestro se interesa porque aprendas bien las cosas. Probablemente es amable, pero también tiene reglas.

Jesús es el mejor maestro. Él quiere que aprendas su verdad, de modo que se asegura de enseñarte. Él es un maestro amable, un maestro justo, ¡y probablemente incluso un maestro divertido! Recuerda que puedes confiar en que Él te enseña de la manera correcta.

Señor, pongo mi esperanza y mi confianza en ti. Guíame con tu verdad. Enséñame tus caminos.

Una larga lista de agradecimiento

Que todo lo que soy alabe al Señor;
con todo el corazón alabaré su santo nombre.
Que todo lo que soy alabe al Señor;
que nunca olvide todas las cosas buenas que hace por mí. Él perdona todos mis pecados y sana todas mis enfermedades. Me redime de la muerte y me corona de amor y tiernas misericordias. Colma mi vida de cosas buenas; ¡mi juventud se renueva como la del águila!

Salmos 103:1-5

Si intentaras hacer una lista de todas las cosas buenas que hay en tu vida, sería bastante larga. Una cama agradable, libros para leer, comida para comer, juguetes con los que jugar, amigos en la escuela, tus mascotas en casa. ¡Podrías añadir muchas más cosas a esa lista!

La persona que escribió este pasaje de la Biblia estaba agradecida por todo lo que Dios le había dado. Estaba agradecido por las cosas pequeñas y también las grandes, como sanidad y perdón de pecado. Recuerda alabar a Dios hoy por todas estas cosas maravillosas.

Padre, te doy a ti toda la alabanza, porque todo lo bueno viene de ti.

Perdona y olvida

Perdonaré sus maldades
y nunca más me acordaré de sus pecados.
HEBREOS 8:12

Es muy difícil olvidar las cosas malas que las personas nos hacen. Tendemos a agarrarnos al daño, pero no es eso lo que Dios hace. Él tiene un corazón amoroso que perdona. Cuando decimos que lo sentimos, Él nos limpia, como si no hubiéramos hecho nada malo. Él no tiene una lista de nuestros errores. Es como si desaparecieran.

Dios no se acuerda de nuestros pecados, de modo que no tenemos que sentirnos culpables ni tampoco castigarnos a nosotros mismos cuando hemos pedido perdón.

Señor, gracias por perdonarme las cosas malas que hago. Te amo.

Un lugar tranquilo

Entonces Jesús les dijo: «Vayamos solos a un lugar tranquilo para descansar un rato». Lo dijo porque había tanta gente que iba y venía que Jesús y sus apóstoles no tenían tiempo ni para comer.

MARCOS 6:31

La escuela, los deportes, y los parques de juegos pueden estar a veces muy llenos de gente y ser muy ruidosos. ¿Alguna vez has querido alejarte de todo el ruido y toda la gente?

¡Jesús también se sentía así! Él sabe que hay veces en las que necesitas encontrar un espacio tranquilo y descansar de toda la acción. ¿Puedes encontrar hoy un lugar donde estar tranquilo, solo por unos minutos?

Jesús, muéstrame un lugar tranquilo y ten un encuentro conmigo ahí. Calma mi corazón y dame tu descanso.

Su belleza debe venir del corazón, del interior de su ser, porque la belleza que no se echa a perder es la de un espíritu suave y tranquilo, valioso ante los ojos de Dios.

1 PEDRO 3:4, PDT

Dios ve lo que hay dentro de nuestro corazón, más de lo que nosotros vemos en el espejo. Algunas personas son lindas por fuera pero feas por dentro. Otras son amables y tranquilas por dentro, y eso se considera hermoso en el reino de los cielos.

Mientras más tiempo pases con Jesús, más reflejarás su carácter. Jesús te hace hermoso y lindo.

Jesús, que tu belleza brille por medio de mí. Que pueda reflejar la belleza de un espíritu suave y tranquilo que es tan importante para ti.

ABRIL 27

El gozo es una decisión

Este es el día que hizo el Señor;
nos gozaremos y alegraremos en él.
Salmos 118:24

Algunos días son más difíciles que otros. No brilla el sol, o el día parece imposible. Qué bueno que Dios nos ha dado un gozo que no depende de lo que suceda a nuestro alrededor.

El gozo de Dios nos saca de nuestro escondite, y nos muestra las cosas hermosas que nos rodean en medio de un mundo oscuro y tormentoso. Dios nos ha dado eso como un regalo. ¿Estarás gozoso y alegre hoy?

Dios, gracias porque cada día que me das es un regalo precioso. Ayúdame a ver tu gozo en todo lo que haga hoy.

Consuelo duradero

Si el Señor no me hubiera ayudado,
yo estaría ya en el silencio de la muerte.
Cuando alguna vez dije: «Mis pies resbalan»,
tu amor, Señor, vino en mi ayuda.
SALMOS 94:17-18, DHH

¿Alguna vez has caminado por una barra de equilibrio y perdiste el balance? Puede dar un poco de miedo cuando resbalas, y a veces da un poco de vergüenza. Es bastante fácil cruzarla, sin embargo, si alguien te agarra de la mano para ayudarte a tener balance.

Cuando Dios camina a nuestro lado, nos da su mano para que no nos caigamos. Él nos da amor y apoyo. Su consuelo nos ayuda en el camino que tenemos por delante.

Señor, tú sabes lo que necesito. Ayúdame a encontrar tu consuelo y tu fuerza.

ABRIL 29

Misión de rescate

Rescatará a los pobres cuando a él clamen; ayudará a los oprimidos, que no tienen quién los defienda. Él siente compasión por los débiles y los necesitados, y los rescatará. Los redimirá de la opresión y la violencia, porque sus vidas le son preciosas.

SALMOS 72:12-14

¿Alguna vez has visto a una persona sin hogar, pidiendo comida o dinero en las calles? Puede ser confuso saber qué hacer, porque te hacen sentir incómodo. Quizá lo lamentas por ellos, o no llegas a entenderlo.

Hay muchas personas que necesitan ayuda; a veces en nuestro propio país y otras veces en otros países. ¿Puedes ser parte del plan de Dios para ayudar a otros?

Padre, ayúdame a mostrar tu amor a las personas que necesitan tu ayuda. Quiero interesarme por ellos como tú te interesas por ellos.

Pensamientos de paz

¡Tú guardarás en perfecta paz a todos los que confían en ti, a todos los que concentran en ti sus pensamientos!

Isaías 26:3

¿En qué piensas más durante el día? ¿Es en comida, en tu familia, amigos, las tareas escolares, diversión, tareas en la casa? ¿No sería genial si pudieras pensar más en Jesús?

Cuando pensamos en muchas otras cosas, nuestra vida parece un poco desordenada, pero mientras más nos enfocamos en Dios, más nos llena su paz. Pasa algún tiempo hoy pensando en Dios.

Dios, tú has dicho que suplirás todas mis necesidades, y yo te creo. Ayúdame a enfocar mis pensamientos en ti para que pueda tener paz en mi corazón.

MAYO

Tú, Señor, eres bueno y perdonador;
grande es tu amor por todos
los que te invocan.

Salmos 86:5, nvi

De nuestra parte

Si Dios está de nuestra parte, ¿quién puede estar en contra nuestra?

ROMANOS 8:31, NVI

Puedes formar un remolino haciendo que muchas personas se junten en una piscina y todas corran por los bordes en la misma dirección. ¿Has intentado alguna vez hacer eso? El agua se vuelve tan resistente, que es muy difícil dar la vuelta y nadar en la otra dirección.

Dios es incluso más fuerte que un remolino de agua. Cuando estamos de su parte, nada puede interponerse en nuestro camino. Él es más fuerte que todo.

Padre celestial, tú eres mi amigo. Gracias por tu fuerte amor que nadie puede arrebatar.

En la oscuridad

El Señor está cerca de los que tienen quebrantado el corazón; él rescata a los de espíritu destrozado.

Salmos 34:18

Jesús tuvo mucha tristeza y dolor en su vida. Se burlaron de Él, lo odiaron, y le hicieron daño. Él entiende todos nuestros problemas.

Si te sientes triste, toma un tiempo para pedir a Dios su ayuda. Nunca estás solo. Dios está siempre cerca, y nunca se ha ido de tu lado.

Padre, tú conoces mi corazón y mi tristeza. Tú prometes ayudarme, porque me entiendes. Gracias por sanarme.

Nos hace justos

En su gracia, Dios gratuitamente nos hace justos a sus ojos por medio de Cristo Jesús, quien nos liberó del castigo de nuestros pecados. Pues Dios ofreció a Jesús como el sacrificio por el pecado.

ROMANOS 3:24-25

Algunas veces, la vida es difícil de entender; pero la fe es sencilla. Cuando ponemos nuestra fe en Jesús, Dios ve la bondad de Jesús en nuestra vida y no nuestro pecado. Es así como Dios puede perdonarnos.

Cuando los problemas parezcan abrumadores, puedes acudir directamente a Dios. Él te dio el regalo de Jesús, y todo ha sido hecho justo.

Dios, gracias por el regalo del perdón por medio de Jesucristo. ¡Acepto con alegría tu regalo!

Blanco como la nieve

Vengan ahora. Vamos a resolver este asunto
—dice el SEÑOR—.
Aunque sus pecados sean como la escarlata,
yo los haré tan blancos como la nieve.
Aunque sean rojos como el carmesí,
yo los haré tan blancos como la lana.
ISAÍAS 1:18

Cuando jugamos afuera, nuestra ropa y nuestros zapatos pueden ensuciarse mucho. Imagina llevar zapatos muy blancos y entonces meterte en el barro. ¡Qué feo! Ese barro es como el pecado. Dios dijo que ningún pecado es demasiado malo para que Él no pueda quitarlo.

Es una imagen hermosa. Si le has dicho a Jesús que lo sientes, estás perfectamente limpio. Si no, ¡no esperes ni un momento más! Habla con Dios, y sé limpio hoy. Lo único que tienes que hacer es pedir.

Gracias, Dios, porque tú me perdonas, ¡y me haces tan limpio como la nieve recién caída!

¡Libre!

Pórtense como personas libres, aunque sin usar su libertad como un pretexto para hacer lo malo. Pórtense más bien como siervos de Dios.

1 PEDRO 2:16, DHH

Cuando dejan libres a los prisioneros, todos esperan que dejen de hacer las cosas malas que hacían antes. Cuando somos hechos libres debido a Jesús, Dios espera que nosotros también dejemos de hacer cosas malas.

El diablo no quiere que estemos cerca de Dios, pero debemos presentar pelea. Defiéndete contra el enemigo con oración y la Palabra de Dios, peleando por la libertad con Jesús a tu lado.

Gracias, Jesús, por hacerme libre del pecado. Ayúdame a ser fuerte contra el pecado y seguir sirviéndote a ti.

Mejores juntos

Como el hierro se afila con hierro,
así un amigo se afila con su amigo.
PROVERBIOS 27:17

Los amigos crean mucha felicidad. Producen risas y amor, y sin ellos estaríamos bastante solos. Los buenos amigos son leales. Te aman siendo sinceros y manteniéndose cerca de tu lado. Dios usa a nuestros amigos para fortalecernos.

Algunos de nosotros puede que tengamos muchos amigos, y otros solo unos pocos, pero está bien. Mientras estén juntos en Jesús, pueden llegar a ser mejores juntos.

Señor, gracias por los buenos amigos que has traído a mi vida. Muéstrame con qué amigos es bueno estar, para que así pueda llegar a ser un amigo mejor.

Un día hermoso

Hablaré del amor inagotable del SEÑOR;
alabaré al SEÑOR por todo lo que ha hecho.
Me alegraré por su gran bondad con Israel,
que le concedió según su misericordia y su amor.

ISAÍAS 63:7

La bondad de Dios es grande cada día; su amor es firme y siempre pelea por nosotros. Podemos mostrarle a Dios cuán agradecidos estamos recordando lo bueno que Él es y hablando a otros de lo que Él ha hecho.

Incluso cuando la vida es difícil, la lista de bendiciones que Dios te ha dado es muy larga. Este día es hermoso porque Dios te ama y Él es muy bueno contigo.

¡Tú eres muy bueno, Dios! Gracias por tu bondad conmigo. Ayúdame a compartir tu amor con los demás.

El efecto dominó

Todo esto es para beneficio de ustedes, y a medida que la gracia de Dios alcance a más y más personas, habrá abundante acción de gracias, y Dios recibirá más y más gloria.

2 Corintios 4:15

Cuando lanzas una piedra a un estanque de aguas quietas, ¿qué sucede? Empiezan a aparecer muchos círculos de agua y son cada vez más y más grandes a medida que se alejan. Así es la gracia de Dios.

Cuando se nos da gracia, sentimos el amor de Dios y no podemos esperar a compartirlo con otros. Entonces ellos comparten nuestra emoción y también le dan gracias a Dios. Es así como podemos difundir el amor de Dios por todo el mundo.
¡Demos gracias a Dios!

Dios misericordioso, ayúdame a hablar de tu bondad a más personas. ¡Quiero que todos sepan cuán grande eres tú!

Dios es mi guía

Confía en el Señor con todo tu corazón;
no dependas de tu propio entendimiento.
Busca su voluntad en todo lo que hagas,
y él te mostrará cuál camino tomar.
No te dejes impresionar por tu propia sabiduría.
En cambio, teme al Señor y aléjate del mal.

Proverbios 3:5-7

Cuando no sepas qué hacer, recuerda que Dios no intenta ocultarte la respuesta. Él quiere que vayas por el camino correcto, y compartirá su ayuda cuando se lo pidas.

Cálmate un poco y escucha a Dios. Él te hablará cuando converses con Él cada día. Entenderás su voz cada vez más.

Padre celestial, necesito tu ayuda.
Calma mi mente y mi corazón para que pueda escuchar lo que tú dices y saber dónde ir.

MAYO 10

Todas las promesas cumplidas

Por medio de él ustedes creen en Dios,
que lo resucitó y glorificó, de modo que su fe y
su esperanza están puestas en Dios.

1 PEDRO 1:21, NVI

Confiamos en Dios y ponemos nuestra esperanza en Él porque lo que Él nos promete es verdad. Cuando Jesús resucitó después de morir en la cruz, nos dio esperanza para siempre.

Jesús prometió que resucitaría de la muerte, y lo hizo. Ahora sabemos que todas las demás promesas que Él hace son verdaderas.

Dios santo, confío en que tú cumples todas tus promesas, y siempre tendré esperanza debido a ti.

Mariposa

Todo el que pertenece a Cristo se ha convertido en una persona nueva. La vida antigua ha pasado; ¡una nueva vida ha comenzado!

2 Corintios 5:17

¿Conoces la historia de la oruga hambrienta? Come todo lo que puede, tiene dolor de estómago y después se encierra en un capullo, ¡y días después se convierte en una hermosa mariposa!

Podemos imaginar de ese modo nuestra vida con Jesús. ¡Antes de conocer a Jesús éramos como la oruga con dolor de estómago! Pero ahora nuestra vida es tan hermosa como una mariposa, ¡porque Jesús está en ella!

Gracias, Señor, por darme una vida nueva y hermosa. ¡Me emociona mucho tenerte conmigo cada día!

Siempre tenemos alegría

Hay dolor en nuestro corazón, pero siempre tenemos alegría. Somos pobres, pero damos riquezas espirituales a otros. No poseemos nada, y sin embargo, lo tenemos todo.

2 CORINTIOS 6:10

La felicidad es una emoción que viene y va junto con lo que sucede a nuestro alrededor. Como la luz del sol en un día nublado, la felicidad puede estar aquí en un momento, y al siguiente ya no está.

Pero el gozo se produce en el corazón. Sin importar lo que suceda a tu alrededor, el amor de Dios se derrama como una fuente. Él te ama mucho, de modo que siempre puedes tener gozo.

Dios amoroso, te pido que tu gozo rebose en mí. Ayuda a quienes me rodean a conocer tu amorosa salvación.

Definición de amor

El amor es paciente y bondadoso. El amor no es celoso ni fanfarrón ni orgulloso ni ofensivo. No exige que las cosas se hagan a su manera. No se irrita ni lleva un registro de las ofensas recibidas. No se alegra de la injusticia sino que se alegra cuando la verdad triunfa. El amor nunca se da por vencido, jamás pierde la fe, siempre tiene esperanzas y se mantiene firme en toda circunstancia.

1 Corintios 13:4-7

Tú eres paciente y bondadoso. No eres celoso, no eres fanfarrón ni orgulloso ni egoísta. No te enojas fácilmente, y no recuerdas cuando las personas te ofenden. ¿Se parece a eso a cómo eres?

El amor no es solo algo que sientes, sino algo que escoges, incluso cuando no quieres. Significa poner las necesidades del otro por delante de las tuyas, como hizo Jesús.

Jesús, tú me has mostrado mucho amor y paciencia. Enséñame a amar como tú.

Nada va mal

Ya que fuimos hechos justos a los ojos de Dios por medio de la fe, tenemos paz con Dios gracias a lo que Jesucristo nuestro Señor hizo por nosotros.

ROMANOS 5:1

¿Cómo es la paz? Quizá significa dormir muy bien en la noche, o no tener preocupaciones por el mañana. Tal vez significa que nadie se pelea en casa o que todos tus amigos están felices contigo.

Cuando creemos las promesas de Dios, podemos confiar en la paz de Jesús. Cuando Él está en nuestro corazón, no somos separados de Él. Nada va mal si somos justos a los ojos de Dios. Le pertenecemos a Él y Él nunca nos suelta.

Dios, ayúdame a recordar la promesa de paz que tengo mediante tu Hijo, Jesucristo.

Un paso cada vez

Dios es capaz de cuidarnos para que no caigamos, y puede también hacernos entrar a su presencia gloriosa con gran alegría y sin falta alguna. Él es el único Dios y Salvador nuestro. A él sea la gloria, la grandeza, el poder y la autoridad por Jesucristo nuestro Señor, antes, ahora y siempre. Así sea.

JUDAS 24-25, PDT

La vida es como una carrera y a veces nos cansamos mucho. Cuando sentimos que ya no podemos correr más, ¿cómo seguimos adelante para que podamos terminar la carrera?

Dios es poderoso y majestuoso. Él puede sostenerte. Él te carga en sus fuertes hombros y evita que resbales. Aún mejor, te acerca más a Él. Corre la carrera, y recuerda a tu Padre celestial. ¡Él grita y canta cantos de alegría por ti!

Levántame, Dios poderoso, cuando necesite ayuda. Gracias por seguir a mi lado.

MAYO 16

Sacrificio de alabanza

Presenta tus confesiones y vuélvete al SEÑOR.
Dile: Perdona todos nuestros pecados
y recíbenos con bondad para que podamos
ofrecerte nuestras alabanzas.

OSEAS 14:2

¿Alguna vez has tenido que compartir tu juguete o tu juego favorito con tu hermano pequeño, tu hermana, o un amigo que ha ido a tu casa? Una ofrenda o un sacrificio es renunciar a algo que te gusta mucho por alguien o por otra cosa.

Cuando has hecho algo malo, la Biblia dice que le pidas a Dios que quite tu pecado y después lo alabes por ser bueno contigo. Esta es tu ofrenda, o sacrificio, para Dios: decir cosas maravillosas sobre Él, incluso cuando no te sientas maravilloso.

Dios, tú mereces oírme decir cosas grandes sobre ti. Gracias por perdonarme cuando digo que lo lamento.

Dios no puede mentir

Dios también se comprometió mediante un juramento, para que los que recibieran la promesa pudieran estar totalmente seguros de que él jamás cambiaría de parecer. Así que Dios ha hecho ambas cosas: la promesa y el juramento. Estas dos cosas no pueden cambiar, porque es imposible que Dios mienta. Por lo tanto, los que hemos acudido a él en busca de refugio podemos estar bien confiados aferrándonos a la esperanza que está delante de nosotros.

HEBREOS 6:17-18

Cuando rompes algo, o haces daño a alguien, puede ser tentador decir una mentira sobre por qué lo hiciste, o culpar a otra persona. Mentimos porque no queremos meternos en problemas, pero mentir realmente te hace sentir peor, ¿no es cierto?

¿Sabías que ni siquiera es posible que Dios diga una mentira? Dios es tan bueno y tan veraz que, cuando hace una promesa, tiene que cumplirse.

Dios, tú eres perfecto y verdadero. Ayúdame a ver tus promesas y saber que tú no puedes mentir.

Mapa del tesoro

Toda la Escritura es inspirada por Dios y es útil para enseñarnos lo que es verdad y para hacernos ver lo que está mal en nuestra vida. Nos corrige cuando estamos equivocados y nos enseña a hacer lo correcto. Dios la usa para preparar y capacitar a su pueblo para que haga toda buena obra.

2 TIMOTEO 3:16-17

¿Alguna vez has tenido que seguir un mapa del tesoro? El mapa te dará un dibujo de lo que te rodea, y te dirá en qué dirección necesitas ir para encontrar el tesoro.

La Biblia es como un mapa del tesoro para encontrar el mejor tesoro de todos: ¡el cielo! Nos dice de qué se trata la vida, y tiene cada respuesta que necesitamos. Nos muestra el camino correcto. Te ayudará a saber lo que es bueno y lo que es malo, y te guiará a la vida eterna.

Padre celestial, tú tienes un gran plan para mi vida. Gracias por la Biblia. Ayúdame a usarla para seguirte toda mi vida.

¡Sé libre!

Él dio su vida para liberarnos de toda clase de pecado, para limpiarnos y para hacernos su pueblo, totalmente comprometidos a hacer buenas acciones.

Tito 2:14

Imagina si te metieran en la cárcel por hacer algo malo, y entonces otra persona dice que tomará tu lugar y te deja ir libre. ¡Eso es lo que Jesús hizo por nosotros! Nosotros hacemos cosas malas, pero Jesús dijo que, si creemos en Él, Él nos hará libres.

Podrías pensar que eso significa que puedes seguir haciendo cosas malas y no importa. Pero si alguien hiciera algo tan bueno por ti, ¿crees que seguirías haciendo cosas malas? No, querrías cambiar tu conducta y hacer el bien.

Jesús, gracias por hacerme libre de las cosas malas que he hecho. Ayúdame a hacer cosas buenas porque tú has sido muy bueno conmigo.

No tendrás sed jamás

"Si tan solo supieras el regalo que Dios tiene para ti y con quién estás hablando, tú me pedirías a mí, y yo te daría agua viva... Cualquiera que beba de esta agua pronto volverá a tener sed, pero todos los que beban del agua que yo doy no tendrán sed jamás. Esa agua se convierte en un manantial que brota con frescura dentro de ellos y les da vida eterna".

JUAN 4:10, 13-14

En este pasaje, una mujer le pide a Jesús un vaso de agua. Él le dice que Él es el agua que ella puede beber para no tener sed jamás. Cuando vivimos con Jesús en nuestro corazón, Él nos da todo lo que necesitamos.

Jesús te ama mucho, y quiere que tengas su regalo. ¿Lo aceptarás?

Jesús, te acepto a ti en mi vida. Gracias porque me das vida eterna.

No hay comparación

Moisés extendió su brazo sobre el mar y el Señor provocó un fuerte viento del oriente que sopló toda la noche e hizo que el mar retrocediera. Las aguas retrocedieron.

ÉXODO 14:21, PDT

La historia de Moisés y el Mar Rojo es asombrosa. Dios separó el mar y el pueblo caminó por tierra seca, con agua a ambos lados. Fueron salvados de los enemigos que intentaban capturarlos.

Nadie puede compararse con Dios. No hay nadie tan fuerte ni tan poderoso como Él. Este mismo Dios que separó las aguas ofrece darnos su fuerza cada día.

Dios de toda la creación, tú has hecho cosas asombrosas. Ayúdame a atravesar cualquier problema con tu fuerza.

MAYO 22

Recompensas abundantes

Así que no pierdan la confianza, porque esta será grandemente recompensada. Ustedes necesitan perseverar para que, después de haber cumplido la voluntad de Dios, reciban lo que él ha prometido.

HEBREOS 10:35-36, NVI

El senderismo es un paseo muy largo por la naturaleza. Cuando das una caminata, normalmente vas subiendo o bajando colinas o montes. Puedes estar cansado y dolorido, y algunas veces te escurrirás o tendrás que caminar por el barro.

Quizá has oído una palabra llamada perseverancia. Sería lo que se necesita para subir por una montaña. Tienes que trabajar duro para llegar a la cima, pero es hermoso cuando llegas hasta ahí. Dios te recompensará por una vida que vives para Él.

Señor, ayúdame a seguir viviendo una vida contigo. Sé que tú me recompensarás cuando llegue a la cima.

El camino a la victoria

Todo hijo de Dios vence a este mundo de maldad, y logramos esa victoria por medio de nuestra fe. ¿Y quién puede ganar esta batalla contra el mundo? Únicamente los que creen que Jesús es el Hijo de Dios.

1 JUAN 5:4-5

¿Eres más grande que el mundo? Realmente no. ¿Es Dios más grande que el mundo? ¡Sí! Cuando estás del lado de Dios, eres más grande que el mundo. Eso significa que no tienes que tener miedo porque crees en Jesús y Él está contigo.

¿De qué tienes miedo? ¿Qué te pone nervioso? Recuerda que Dios es más grande que todas esas cosas, y Él te ayudará.

Gracias, Jesús, porque soy más grande que el mundo porque creo en ti.

¿Obsesionado?

Aún me atrevo a tener esperanza
cuando recuerdo lo siguiente:
¡El fiel amor del SEÑOR nunca se acaba!
Sus misericordias jamás terminan.
LAMENTACIONES 3:21-22

¿Qué hay en tu mente hoy? ¿Estás preocupado por un amigo? ¿Por tus padres? ¿Por un examen en la escuela? A veces pensamos demasiado en el problema y no pensamos lo suficiente en la respuesta.

La respuesta es siempre Dios. Cuando recordamos que Dios está lleno de amor, podemos llenarnos de esperanza. Podemos sentirnos mucho mejor cuando pensamos en cuán grande es Dios.

Espíritu Santo, ayúdame a pensar en tu gran amor la próxima vez que solo pueda pensar en mis problemas, para que así pueda tener esperanza.

Alegre espera

Espero al Señor, lo espero con toda el alma;
en su palabra he puesto mi esperanza.
Salmos 130:5, NVI

Esperar algo puede ser muy difícil, y nada divertido. Pero a veces, esperar es emocionante: esperar para contar algo estupendo, esperar unas vacaciones familiares, esperar para darle un regalo a alguien.

Cuando esperamos cosas buenas, la espera también puede ser un regalo. Así es esperar al Señor. Al final estaremos con Dios para siempre, ¡y esperar que eso suceda es divertido!

Señor, me gusta esperar en ti. Como sé que tú produces solamente bondad, puedo esperarte a ti.

MAYO 26

Inseparables

Estoy convencido de que nada podrá separarnos del amor de Dios: ni la muerte, ni la vida, ni los ángeles, ni los poderes y fuerzas espirituales, ni lo presente, ni lo futuro, ni lo más alto, ni lo más profundo, ni ninguna otra de las cosas creadas por Dios. ¡Nada podrá separarnos del amor que Dios nos ha mostrado en Cristo Jesús nuestro Señor!

ROMANOS 8:38-39, DHH

Nada puede separarte del amor de Dios. Nada. No tienes que tener miedo, ser tímido o preocuparte por nada.

Estarás bien. ¿Por qué? Porque nada es lo bastante fuerte para alejarte de los brazos de tu Padre celestial. ¡Esta verdad debería ser suficiente para alegrarte el día!

Padre, gracias porque nada es lo bastante fuerte para separarme de tu amor.

Los mejores tesoros

Dios les dio nueva vida, pues los resucitó juntamente con Cristo. Por eso, dediquen toda su vida a hacer lo que a Dios le agrada. Piensen en las cosas del cielo, donde Cristo gobierna a la derecha de Dios. No piensen en las cosas de este mundo.

COLOSENSES 3:1-2, TLA

Toda la gente que nos rodea parece interesarse por la ropa, las películas y los juguetes. Es difícil no querer pensar también en eso todo el tiempo.

Los mejores tesoros, sin embargo, están en el cielo. Dios quiere que pensemos en eso más que en las cosas de la tierra. Por lo tanto, ten cuidado con lo que observas, lo que miras y lo que piensas. Concentra tu mente en Dios y en su Palabra.

Padre, por favor ayúdame a alejarme de las cosas de este mundo, y a fijar mi corazón en el cielo.

Respuestas correctas

Pido en mi oración que su amor siga creciendo más y más todavía, y que Dios les dé sabiduría y entendimiento, para que sepan escoger siempre lo mejor. Así podrán vivir una vida limpia, y avanzar sin tropiezos hasta el día en que Cristo vuelva.

FILIPENSES 1:9-10, DHH

Cuando tienes una respuesta incorrecta en un examen, ¿intentas descubrir cuál es la respuesta correcta? Si no puedes deletrear bien una palabra, ¿preguntas cómo se deletrea? Nos ayuda a ser más inteligentes cuando descubrimos las respuestas correctas y las que no lo son.

Deberíamos amar lo que es bueno, lo correcto, lo puro. Si pedimos a Dios las respuestas correctas, Él nos las dará y mejoraremos cada vez más en entender sus caminos.

Señor, ayúdame a tomar decisiones sabias con mi corazón cada día mientras vivo para ti.

Detente para dar gracias

Entren por sus puertas con acción de gracias;
vengan a sus atrios con himnos de alabanza;
denle gracias, alaben su nombre.

SALMOS 100:4, NVI

Cuando te despiertas en la mañana hay mucho ajetreo. Tu mamá te dice que te levantes, y enseguida tienes que vestirte, prepararte para la escuela, desayunar, y llegar a tiempo a clase. Es importante hacer todo eso, pero ¿te estás olvidando de algo?

Dios quiere que lo recordemos a Él y le demos gracias. Ayuda ser agradecido con Dios al inicio del día. Detenerte para darle gracias a Él te da paz y alegría que pueden durar todo el día.

Padre amoroso, gracias por darme otro día más en la tierra. Ayúdame a ser agradecido. Te amo.

MAYO 30

¡Dios canta!

Pues el Señor tu Dios vive en medio de ti.
Él es un poderoso salvador.
Se deleitará en ti con alegría.
Con su amor calmará todos tus temores.
Se gozará por ti con cantos de alegría.

Sofonías 3:17

El Creador de todo el universo, quien hizo los planetas y los sistemas solares es mucho más grande de lo que podríamos imaginar nunca. Él es muy grande, pero se interesa por ti. ¿Alguna vez cantas cuando estás contento? ¿Puedes imaginar cómo sería el canto de Dios?

¡Dios canta sobre ti! Eso es. Él canta sobre ti y canta a tu alrededor. Cuando todo está tranquilo, cuando estás solo, cuando tu mundo es una locura, Él canta sobre su amor por ti.

Padre, ayúdame a oír tu canto hoy. Cuando esté nervioso, solo, preocupado o tenga miedo, ayúdame a saber que tú estás feliz por mí.

El Creador

¿Quién ha sostenido los océanos en la mano?
¿Quién ha medido los cielos con los dedos?
¿Quién sabe cuánto pesa la tierra,
o ha pesado los montes y las colinas en una balanza?
«¿Con quién me compararán?
¿Quién es igual a mí?», pregunta el Santo.
Levanten la mirada a los cielos.
¿Quién creó todas las estrellas?
Él las hace salir como un ejército, una tras otra,
y llama a cada una por su nombre.
A causa de su gran poder y su incomparable fuerza,
no se pierde ni una de ellas.

ISAÍAS 40:12, 25-26

Te has detenido en tu día para pasar tiempo con quien te creó. Quizá has llegado con una lista de cosas de las que hablar, o tal vez tan solo quieres oír su voz.

En este día, permite que te diga quién es Él. Eso producirá alegría, paz y confianza en tu corazón.

Dios santo, apenas si puedo creer que tú lo creaste todo. Veo las estrellas, el sol y la luna cada día. Ayúdame a no perder nunca la emoción acerca de tu creación.

JUNIO

El Señor es sol y escudo;
Dios nos concede honor y gloria.
El Señor brinda generosamente su bondad
a los que se conducen sin tacha.

Salmos 84:11, NVI

Más sabio que tú

*¿Acaso el Señor alguna vez ha necesitado
el consejo de alguien?
¿Necesita que se le instruya sobre lo que es bueno?
¿Le enseñó alguien al Señor lo que es correcto,
o le mostró la senda de la justicia?*

Isaías 40:14

¿Alguna vez te culparon por algo que tú no hiciste? No parece justo. Cuando la vida es injusta, es difícil recordar que Dios conoce todas las cosas. Él también conoce las cosas malas que hemos hecho, y nos perdona.

Toma un minuto para pensar en que Dios ya ha arreglado algunas de las cosas equivocadas en tu vida. ¿Hay alguna persona en tu vida a la que puedas mostrar bondad, del mismo modo que Dios te muestra bondad a ti?

Padre, gracias porque tú eres un buen juez. Aunque no te veo, decido confiar en ti.

Precioso y amado

Entregué a otros a cambio de ti.
Cambié la vida de ellos por la tuya,
porque eres muy precioso para mí.
Recibes honra, y yo te amo.
Isaías 43:4

Cuando recibes una tarjeta o una nota de alguien en tu familia o de un amigo, ¿no te hace sentir bien? Es hermoso saber que alguien está pensando en ti cuando no están juntos.

Dios piensa en ti y quiere enviarte sus notas de aliento cada día. Toma tiempo para escuchar lo que Dios intenta decirte hoy pasando un tiempo en oración.

Padre, gracias porque siempre me alientas y me muestras cuánto me cuidas.

Cuidar de otros

*Alimenten a los hambrientos
y ayuden a los que están en apuros.
Entonces su luz resplandecerá desde la oscuridad,
y la oscuridad que los rodea será
tan radiante como el mediodía.*

Isaías 58:10

A veces tiramos cosas que son viejas, están sucias o rotas porque queremos algo nuevo. Dios ve las cosas de modo diferente. Él está triste porque algunas personas son pobres y tienen hambre, y se acerca para ayudarles. Una de las maneras en que ayuda a esas personas es pidiéndonos que cuidemos de ellas.

Si haces todo lo que puedes por quienes tienen necesidad, tu luz brillará en la oscuridad. Cuando ayudamos a otros, Dios nos ayuda a nosotros.

Dios, ayúdame a saber cómo ayudar a quienes son pobres y tienen hambre. Quiero encontrar maneras de cuidar de otros.

JUNIO 4

Un lugar especial

En el hogar de mi Padre hay muchas viviendas;
si no fuera así, ya se lo habría dicho a ustedes.
Voy a prepararles un lugar.

JUAN 14:2, NVI

Cuando te quedas en la casa de un amigo, es emocionante. Podrías tener un cuarto especial donde quedarte, o podrían tener una cena muy rica preparada para ti. Te dejan hacer cosas divertidas.

Dios te ha estado esperando por mucho tiempo. Lo sepas o no, Dios está preparando un lugar para ti en el cielo para que estés con Él. Siempre que te sientas dejado fuera o solo, recuerda cuán especial y único eres para Dios.

Jesús, gracias porque estás preparando un lugar para mí. Gracias porque mi mayor alegría en el cielo será pasar tiempo contigo.

Dios es creativo

Y Dios creó al ser humano a su imagen;
lo creó a imagen de Dios.
Hombre y mujer los creó.

GÉNESIS 1:27, NVI

Algunas veces nos ponemos celoso de las estrellas de las películas y de las estrellas del rock que aparecen en las cubiertas de las revistas. Hay días en los que queremos ser tan guapos o populares como ellos.

Dios no te creó para que seas igual a todos los demás. Te creó para que seas especial. Tú eres bueno en lo que otras personas no son buenas. No mires en lo que son buenas otras personas y te sientas mal contigo mismo. En cambio, ¡celebra cuán maravillosamente diferente te creó Dios!

Dios, gracias por recordarme cuán especial me creaste. Estoy muy agradecido porque tú eres un Dios creativo.

Una cara amable

Respóndeme, Señor, por tu bondad y tu amor;
por tu gran compasión, vuélvete a mí.
Salmos 69:16, NVI

¿Cómo crees que se ve la cara de Dios cuando conversas con Él? Si piensas que Dios está enojado o molesto, probablemente sientas un poco de miedo de Él. Si piensas que es un gigante malhumorado, tal vez no te cae nada bien.

Dios es tu Padre celestial. Él se ve como un Papá muy amable. Se alegra mucho cuando tú conversas con Él, y quiere que confíes en Él.

Padre, gracias porque me invitas a acercarme a ti cuando te necesite. Tú esperas oír mis pasos que se acercan y me recibes con un gran abrazo.

Siempre maravilloso

Por tanto, no nos desanimamos. Al contrario, aunque por fuera nos vamos desgastando, por dentro nos vamos renovando día tras día.

2 CORINTIOS 4:16, NVI

¿Has visto una fotografía de tus abuelos cuando eran pequeños? Es divertido cuando te das cuenta de que ellos también fueron niños, ¡como tú!

A medida que las personas envejecen, ya no son tan fuertes, tan sanas o tan rápidas como las personas jóvenes. Eso puede ser un poco triste, pero no debemos preocuparnos por hacernos viejos porque, un día, Dios hará que nuestro cuerpo vuelva a ser maravilloso. Lo único de lo que debemos preocuparnos es de mantenernos maravillosos en nuestro interior.

Padre, ayúdame a amar ser mejor en mi interior cada día.

Obediencia demorada

Qué afortunados son los que escuchan la palabra de Dios y la obedecen.

LUCAS 11:28, PDT

A veces puede ser fastidioso escuchar a nuestros padres y obedecerlos. Puede parecer que tan solo intentan darnos órdenes. Tus padres en realidad intentan mantenerte seguro y a salvo; no quieren que resultes herido.

Del mismo modo, Dios nos da indicaciones y nos dice cuál es la mejor manera de vivir nuestra vida. A veces puede parecer que seguir a Dios es como seguir muchas normas. Pero Dios nos ha dado normas para que podamos vivir nuestra vida seguros y felices.

Padre, ayúdame a escucharte a ti y a ser rápido en obedecer. Quiero agradarte a ti.

Traicionado con un beso

Mientras Jesús todavía estaba hablando, apareció de repente Judas, uno de los doce. Junto con él había mucha gente armada con espadas y garrotes. Todos ellos habían sido enviados por los jefes de los sacerdotes, los maestros de la ley y los ancianos líderes. El que lo traicionaba les había dado una señal, diciéndoles: «Al que yo salude con un beso, ese es. Arréstenlo y llévenselo preso». Así que Judas se acercó a Jesús y le dijo: —¡Maestro! Y le dio un beso en la mejilla.

MARCOS 14:43-45, PDT

Uno de los amigos de Jesús hirió mucho sus sentimientos. Judas les mostró a los líderes que querían matar a Jesús dónde estaba. A Judas le importaba más el dinero que iban a darle de lo que le importaba Jesús.

Necesitamos recordar que Jesús quiere nuestro amor, y quiere que mostremos que Él nos importa más que ninguna otra cosa.

Jesús, ayúdame a entregarte todo mi corazón hoy, amándote con todo lo que soy.

Las cosas pequeñas

Una mirada alegre trae gozo al corazón;
las buenas noticias contribuyen a la buena salud.
PROVERBIOS 15:30

Las cosas pequeñas son importantes. Muéstrale una sonrisa a un compañero de clase que no es amable contigo. Ofrece una oración por un amigo que está teniendo un mal día. Ayuda alguien que se queja. Estos pequeños actos de ayuda pueden cambiar el día a una persona.

Hay un motivo por el que el Espíritu Santo señala a personas que te rodean. Tu sonrisa podría ser la primera sonrisa que han recibido en mucho tiempo. Decide mirarlos con amor, y eso producirá alegría en su corazón.

Padre, ayúdame a seguirte incluso en las cosas pequeñas. Ayuda a que mi sonrisa ilumine el día de alguien.

Buenas palabras

La lengua puede traer vida o muerte;
los que hablan mucho cosecharán las consecuencias.
PROVERBIOS 18:21

¿Alguna vez dijiste algo con mala intención y después quisiste retirar tus palabras y borrar lo que dijiste? El problema es que no podemos retirar lo que decimos en voz alta. Por eso tenemos que tener cuidado y pensar antes de hablar.

En este día, pide a Dios que te indique cómo puedes usar tus palabras para hacer bien. Pídele que te enseñe a alentar a otros con tus palabras.

Jesús, por favor ayúdame a usar mis palabras para bien y no para mal.

¿Con quién estás?

Afortunado el que no sigue el consejo de los perversos, ni el ejemplo de los pecadores, ni se une con los que andan burlándose de todo. Al contrario, le gusta la enseñanza del Señor y la estudia día y noche.

Salmos 1:1-2, PDT

Piensa en los amigos con quienes te juntas. ¿Cómo se comportan? ¿Se meten siempre en problemas, o son personas en las que puedes confiar?

Cuando te rodeas de personas que conocen y aman a Dios, pueden ayudarse los unos a los otros a hacer cosas correctas. Los buenos amigos no harán que te metas en problemas porque te ayudarán a tomar buenas decisiones.

Dios, dame buenos amigos que te conozcan a ti, para que pueda seguirte incluso cuando sea difícil.

Guardar su Palabra

He guardado tu palabra en mi corazón,
para no pecar contra ti.
SALMOS 119:11

¿Te resulta difícil o fácil aprender versículos de memoria? ¿Hay algunos en los que puedes pensar ahora mismo que has aprendido en la iglesia?

Una de las mejores maneras de guardar la Palabra de Dios en tu corazón es memorizar partes de la Biblia. Cuando memorizas algo, lo repites en tu cabeza. Esta sencilla acción te hace pensar en la Palabra de Dios, y te ayudará a recordarla cuando más lo necesites.

Padre, por favor dame la memoria para guardar tus palabras en mi corazón y que así estén ahí cuando más las necesite.

La vida real

Aparta mis ojos de cosas inútiles
y dame vida mediante tu palabra.
SALMOS 119:37

Hay muchas cosas en este mundo en las que podemos pasar horas pensando. Todo el mundo tiene algo. Pueden ser deportes, películas, libros, moda, o cualquier otra cosa. ¿En qué piensas tú?

Dios nos dio cosas en la vida para disfrutarlas, pero necesitamos recordar que algunas cosas ocupan tanto tiempo, que nos olvidamos de pensar en Dios o de pasar tiempo con Él. Podríamos olvidar pensar en personas que necesitan nuestra ayuda o nuestro amor. Amar a Dios significa encontrar vida en las cosas correctas.

Querido Dios, ayúdame a darme cuenta cuando haya cosas que se interpongan en el camino de amarte a ti y amar a otros.

Meditación

Ayúdame a comprender el significado
de tus mandamientos,
y meditaré en tus maravillosas obras.
SALMOS 119:27

Pasar tiempo con Dios nunca es tiempo desperdiciado. A veces puede parecer aburrido. Quizá siempre que intentas pasar tiempo en oración, te cansas y te quedas dormido, o simplemente no puedes concentrarte.

Sin importar lo que suceda cuando oras, Dios te enseñará algo. Toma tiempo para pensar en todas las grandes cosas que Dios ha hecho. Tu lista nunca terminará. Mientras más tiempo pases con Él, más conocerás su voz.

Padre, no quiero que mi fe sea aburrida. Ayúdame a oír tus palabras para que pueda vivir una vida maravillosa contigo.

JUNIO 16

Abre mis ojos

Abre mis ojos, para que vea las verdades maravillosas que hay en tus enseñanzas.

Salmos 119:18

¿Piensas alguna vez que ya has escuchado todas las historias de la Biblia? ¿Te das cuenta de que incluso las personas de más edad que han leído la Biblia por cincuenta años encuentran todavía cosas que antes no vieron?

La Palabra de Dios siempre tiene algo que decirnos. Si sientes que tienes ganas de dormitar la próxima vez que leas tu Biblia, pide a Dios que te muestre algo nuevo. Lo único que tienes que hacer es pedir.

Espíritu Santo, te pido que en este día abras mis ojos y me muestres algo nuevo y asombroso en la Biblia.

Mis consejeras

Tus leyes me agradan;
me dan sabios consejos.
SALMOS 119:24

Padres, abuelos, otros familiares, y amigos pueden ayudarnos en los momentos difíciles. No necesitamos intentar descifrar el camino de Dios nosotros solos. Dios nos dio personas que pueden compartir sus historias con nosotros de modo que sepamos que no estamos solos.

¿Hay cosas que quieres compartir con otras personas en quienes confías? Pide a Dios que te dé la valentía suficiente para pedir ayuda a las personas adecuadas.

Padre, gracias por las personas que están en mi vida y que podrán ayudarme cuando no pueda hacerlo todo yo solo.

Él recuerda

Ni aunque pasen mil generaciones
se olvidará de las promesas de su alianza,
de la alianza que hizo con Abraham,
del juramento que hizo a Isaac.
SALMOS 105:8-9, DHH

Dios hizo una promesa a Abraham: que sus hijos serían tantos como las estrellas del cielo. Todavía hay personas en el mundo que descienden de Abraham. Muchas personas. Dios no olvidó su promesa.

¿No te alegras de que tenemos un Dios con el que podemos contar?

Querido Dios, gracias por cumplir tu promesa a Abraham y por enviar a Jesús para que yo pudiera conocerte. Estoy muy contento porque puedo contar contigo.

Al rescate

Y me alegro también de las debilidades, los insultos, las necesidades, las persecuciones y las dificultades que sufro por Cristo, porque cuando más débil me siento es cuando más fuerte soy.

2 Corintios 12:10, dhh

A veces vemos lo mejor en las personas cuando las cosas van mal. Si alguien resulta herido, vemos acudir a otros para ayudar. Si alguien está siendo acosado, vemos a otros defender a esa persona.

Cuando suceden cosas que no son muy buenas, recuerda que Jesús acudirá a tu rescate. Él enviará a otras personas a ayudarte, y te recordará su amor y su paz. Entonces sabrás que Dios es bueno.

Padre, ayúdame a acudir a ti cuando las cosas sean difíciles. Quiero ver tu fortaleza que me ayuda a atravesar todo.

JUNIO 20

Está terminado

Jesús bebió el vinagre y dijo: —Todo está cumplido. Entonces inclinó su cabeza y murió.

JUAN 19:30, PDT

Cuando Jesús murió en la cruz, habría sido un día triste. Pero cuando Jesús dijo: "Todo está cumplido", no se refería a que era el fin. Lo dijo del mismo modo que tú dirías al terminar de colorear un dibujo: "Está terminado".

Jesús completó el plan de Dios para rescatarnos, y lo hizo al morir en la cruz y después volver a la vida otra vez unos días después. Jesús terminó el trabajo y ahora podemos tener vida eterna.

Gracias, Señor, porque tu obra terminada en la cruz me ha dado vida eterna.

Impulsado por el amor

Yo sé todo lo que haces. He visto tu arduo trabajo y tu paciencia con perseverancia. Sé que no toleras a la gente malvada. Has puesto a prueba las pretensiones de esos que dicen ser apóstoles pero no lo son. Has descubierto que son mentirosos. Has sufrido por mi nombre con paciencia sin darte por vencido.

APOCALIPSIS 2:2-3

¿Recuerdas cuando finalmente conseguiste el juguete que habías querido por tanto tiempo? Es una sensación muy buena conseguir algo que querías de verdad. ¿Todavía te sientes así por ese juguete? A veces, nuestra alegría por algo se va con el tiempo.

Jesús sentía que eso podía ocurrir con personas que creen en Él. Podríamos estar muy contentas por tener a Jesús en nuestro corazón, pero también podríamos olvidar esa felicidad si nos olvidamos de darle gracias y pasar tiempo con Él.

Jesús, sé que tú quieres mi amor. Ayúdame a estar siempre agradecido por tenerte a ti en mi vida.

JUNIO 22

No temas

En esa clase de amor no hay temor, porque el amor perfecto expulsa todo temor. Si tenemos miedo es por temor al castigo, y esto muestra que no hemos experimentado plenamente el perfecto amor de Dios.

1 Juan 4:18

Todo el mundo tiene algo que le da miedo. Podría ser el monstruo imaginario que hay debajo de la cama, o un temor a no tener ningún amigo. Tus padres también pueden tener miedo algunas veces.

Sin importar quién eres, el amor de Jesús sigue siendo más fuerte que el temor. No tengas miedo, porque su amor es perfecto. Su amor no te castiga, no te hace daño, ni te hace sentir miedo. Su amor te da paz.

Jesús, gracias porque tu amor es mayor que cualquier cosa que pueda darme miedo.

La historia no ha terminado

Cuando lo vi, caí a sus pies como muerto; pero él puso la mano derecha sobre mí y me dijo: «¡No tengas miedo! Yo soy el Primero y el Último. Yo soy el que vive. Estuve muerto, ¡pero mira! ¡Ahora estoy vivo por siempre y para siempre! Y tengo en mi poder las llaves de la muerte y de la tumba».

APOCALIPSIS 1:17-18

¿Sabes cuáles son la primera y la última letra del alfabeto? ¿Hay alguna letra antes de la A? ¿Hay alguna letra después de la Z?

No hay nadie delante de Dios ni nadie después de Dios. Él es todo de inicio a fin. Por lo tanto, no tienes que preocuparte por nada, ¡porque Él tiene el control de todo, desde la A hasta la Z!

Jesús, gracias porque tú estabas ahí desde el principio y estarás ahí al final. Quiero ser parte de tu plan desde la A hasta la Z.

Juntos

Ya no hay judío ni griego, esclavo ni libre, hombre ni mujer, sino que todos ustedes son uno solo en Cristo Jesús.

GÁLATAS 3:28, NVI

¿Alguna vez tienen que dividirse en grupos de chicos o de chicas? Quizá tienen que dividir un grupo por edades. A menudo hay opciones sobre en qué lado vamos a estar, pero la Biblia dice que todos somos parte de la gran familia de Dios.

Asegúrate de incluir a todos en la familia de Dios. Él no quiere que las personas estén separadas; ¡Él quiere que todos estemos juntos!

Jesús, ayúdame a ver a todos como parte de una gran familia, todos intentando llevarnos bien para así poder agradarte a ti.

Resultados rápidos

Así que no nos cansemos de hacer el bien.
A su debido tiempo, cosecharemos numerosas bendiciones si no nos damos por vencidos.

GÁLATAS 6:9

Cuando plantas una semilla en un tiesto y la riegas para que crezca, puede tomar mucho tiempo para que aparezca un pequeño brote. ¿No tomará mucho más tiempo ver flores en la planta?

Dios dice que algunas veces los resultados de nuestras buenas obras pueden tomar tiempo para empezar a verse, igual que esa semilla plantada en un tiesto. Necesitamos tener paciencia y seguir haciendo el bien. En el momento correcto, Dios nos mostrará el bien que se ha producido por hacer lo correcto.

Padre, quiero seguirte y ser un buen ejemplo. Ayúdame a ser paciente mientras espero a que aparezcan los resultados de mis buenas obras.

JUNIO 26

Tiempo para descansar

Que mi alma descanse nuevamente,
porque el Señor ha sido bueno conmigo.
Salmos 116:7

¡Hay muchas cosas que hacer en un día! Ir a la escuela, estar con los amigos, ir al entrenamiento, conversar con la familia. Estar emocionados por cosas es bueno, pero también querremos tomar tiempo para descansar.

Hay un motivo por el que tenemos que dormir cada noche. Puede llegar a ser fastidioso cuando tus padres te dicen que te vayas a la cama, pero sin horas de sueño no podemos hacer ninguna de las cosas divertidas que queremos hacer. Dios nos llama a descansar de manera diferente. Él quiere que descansemos nuestro corazón. Quiere que nos sentemos por unos minutos y pensemos en Él. Toma un tiempo para descansar con Dios hoy.

Jesús, ayúdame a disminuir el ritmo y ver cuán importante es descansar.

No puedes controlar la lluvia

Él cubre de nubes el cielo,
envía la lluvia sobre la tierra
y hace crecer la hierba en los montes.
El SEÑOR se complace en los que le temen,
en los que confían en su gran amor.
SALMOS 147:8, 11, NVI

¿Qué tiempo hace donde tú estás? ¿Ha estado lloviendo? ¿Has tenido mucho sol? ¿Es demasiado caluroso, o demasiado frío, o está bien?

Tú no puedes controlar el tiempo meteorológico, y tampoco puedes controlar que te sucedan cosas. Pero sí puedes controlar qué hacer cuando el tiempo sea malo o cuando la vida sea difícil. Pide a Dios que te dé esperanza y paz. Él siempre hará eso.

Dios, gracias porque tú controlas lo que sucede en mi vida. Ayúdame a estar agradecido porque tú te interesas lo suficiente como para ayudarme a crecer.

JUNIO 28

Sé tu mejor versión

Pues él sabe lo débiles que somos;
se acuerda de que somos tan solo polvo.
Salmos 103:14

¿Puedes saltar más alto que un edificio? ¿Puedes caminar por las paredes? ¿Puedes caminar sobre el agua? ¡Desde luego que no! Nuestro cuerpo no fue hecho para hacer cosas como esas.

Dios creó nuestro cuerpo, y no cometió un error. Fuimos hechos para vivir una vida estupenda, pero Él no quería que todos fuéramos superhéroes. Dios quería que fuéramos la mejor versión que podamos ser, ¡y eso es suficiente!

Padre, tú me diseñaste exactamente como querías que fuera. Ayúdame a amar el cuerpo que tú me has dado y a mantenerlo sano.

Trabaja duro

El perezoso desea pero no consigue;
el que trabaja duro logra lo que quiere.
PROVERBIOS 13:4, PDT

Trabajar duro puede sentirse en realidad muy bien. Cuando terminas una tarea, sientes que has hecho las cosas bien.

A veces, cuando nos piden que hagamos una tarea en la casa, nos quejamos. Podría tomar mucho tiempo hacer esa tarea, o quizá nos gustaría estar haciendo otra cosa. La Biblia dice que tendremos una recompensa si tenemos una buena actitud en cuando a trabajar. ¿Puedes cambiar la actitud de tu corazón en cuanto a hacer tareas que otros te han pedido que hagas?

Padre, ayúdame a hacer las tareas que me pidan que haga con alegría y gratitud.

JUNIO 30

No te rindas

Pero hay más, podemos sentirnos felices aun cuando tenemos sufrimientos porque los sufrimientos nos enseñan a ser pacientes. Si tenemos paciencia, nuestro carácter se fortalece y con un carácter así, nuestra esperanza aumenta.

ROMANOS 5:3-4, PDT

Cuando estás corriendo una carrera de relevos, tienes que pasar un testigo (un palo grueso) a la siguiente persona antes de que pueda comenzar a correr su parte de la carrera. Si estás esperando el testigo, animas al equipo, diciéndole al corredor que siga adelante y no se rinda.

La Biblia dice que no deberíamos dejar de hacer el bien. Cuando siempre intentamos hacer lo correcto, llegaremos a ser mejores y más rápidos en hacer el bien. No te rindas, ¡sigue adelante!

Padre, no quiero rendirme. Ayúdame a seguir adelante por ti.

JULIO

Alaben al Señor, porque él es bueno;
canten alabanzas a su nombre,
pues eso es placentero.

Salmos 135:3, PDT

Disfruta de este día

¡Escucha, Israel! El SEÑOR es nuestro Dios, solamente el SEÑOR. Ama al SEÑOR tu Dios con todo tu corazón, con toda tu alma y con todas tus fuerzas.

DEUTERONOMIO 6:4-5

¿Estás pensando siempre en el siguiente gran evento? ¿De quién es la fiesta de cumpleaños la próxima semana? ¿Cuándo vas a visitar a la familia? ¿Cuándo vendrá tu amigo a tu casa?

Dios te pide que te enfoques en Él con todo tu corazón, con toda tu alma, y con todas tus fuerzas. ¡Él no quiere que te pierdas lo que está sucediendo ahora mismo! Disfruta del día que Él ha hecho para ti.

Padre, ayúdame a amarte con todo lo que soy, hoy y para siempre.

¡Ánimo!

Y no dejemos de congregarnos, como lo hacen algunos, sino animémonos unos a otros, sobre todo ahora que el día de su regreso se acerca.

HEBREOS 10:25

¿Cómo es la mascota del equipo en tu escuela? ¿Tienen una, o sabes cuál es? Una mascota es alguien disfrazado de un personaje, y está ahí para animar al equipo deportivo, ¡y ayudarlo a ganar!

Los buenos amigos se toman el tiempo para animarse los unos a los otros. Están ahí cuando sus amigos los necesitan, y dicen cosas amables y consideradas. Sé agradecido por esos amigos en tu vida, ¡y asegúrate de que también tú eres un buen amigo!

Dios, por favor recuérdame que sea positivo y animador con mis amigos.

Pensamientos de paz

Dios les dará su paz, que es más grande de lo que el hombre puede entender; y esta paz cuidará sus corazones y sus pensamientos por medio de Cristo Jesús.

FILIPENSES 4:7, DHH

¿Sabías que lo que haces viene de lo que piensas? Si comienzas a pensar en tu comida favorita, probablemente comenzarás a buscar algo para comer.

Sucede lo mismo con nuestros sentimientos. Si pensamos en lo mal que nos cae alguien, es más probable que no seamos amables con esa persona. Cuando tenemos buenos sentimientos hacia alguien, somos amables con él o ella. Dios quiere que pensemos cosas buenas, y eso nos dará mucha paz.

Espíritu Santo, por favor enséñame a controlar mis pensamientos. Ayúdame a decidir pensar en cosas buenas para que así tenga paz en mi vida.

Libre

Jesús se dirigió entonces a los judíos que habían creído en él, y les dijo: —Si se mantienen fieles a mis enseñanzas, serán realmente mis discípulos; y conocerán la verdad, y la verdad los hará libres.

JUAN 8:31-32, NVI

¿Conoces el juego llamado "Congelado"? Cuando te tocan, tienes que quedarte congelado, ¡y no puedes moverte hasta que otro jugador te libere pasando entre tus piernas o te toque!

Jesús dijo que su verdad te hace libre. Es parecido a cuando estamos atascados en el pecado y entonces la verdad del perdón de Jesús nos hace libres. Eso es una muy buena noticia, ¿cierto?

Señor, llena mi mente de la verdad de tu perdón que me hará libre.

Vida eterna

Los hijos de una familia son gente de carne y hueso, por eso Jesús se hizo de carne y hueso igual que ellos. Sólo así pudo morir y con su muerte derrotar al diablo, quien tenía el poder de la muerte. Jesús se hizo hombre para liberar a los hombres, quienes habían estado esclavizados toda la vida por temor a la muerte.

HEBREOS 2:14-15, PDT

¿Alguna vez estabas perdiendo un juego y entonces alguien dice que le gustaría comenzar otra vez el juego? ¡Es como si te hubieran dado una segunda oportunidad para ganar!

Jesús murió en la cruz, pero después resucitó, ¡y eso significa que volvió a la vida! Jesús hizo eso para mostrarnos que, aunque nosotros moriremos un día, también viviremos otra vez, como Él hizo. No tengas miedo, ¡has recibido vida eterna!

Jesús, gracias porque tú venciste a la muerte y me diste vida eterna.

Amor poderoso

Nosotros sabemos cuánto nos ama Dios y hemos puesto nuestra confianza en su amor. Dios es amor, y todos los que viven en amor viven en Dios y Dios vive en ellos.

1 Juan 4:16, NTV

El amor de Dios por ti es la fuerza más poderosa en todo el universo. Nada tiene el poder para detenerlo.

Podemos ser parte de este amor. La Biblia dice que, si vivimos en el amor de Dios, su amor estará en nosotros y podremos compartirlo con otros. Piensa hoy en el increíble amor de Dios por ti.

Padre, gracias porque tu amor por mí es más fuerte que ninguna otra cosa en la vida. Ayúdame a compartir tu amor con los demás.

Amor inagotable

El Señor es compasivo y misericordioso,
lento para enojarse y está lleno de amor inagotable.
Salmos 103:8

¿Sabes cuando has hecho algo mal y crees que tus padres van a gritarte? Esperabas que ellos se enojaran, pero en cambio te trataron con bondad.

Dios tiene ese tipo de amor por ti. Él está lleno de misericordia y compasión, lo cual significa que es bueno contigo incluso cuando has hecho algo mal. Él no se enoja rápidamente, y se asegura de que sepas de su gran amor.

Padre, gracias por tu amor. Ayúdame a hacer lo correcto aunque sé que tú me mostrarás bondad a pesar de todo.

Reglas, reglas, reglas

En el reino de Dios lo importante no es lo que comamos o bebamos, sino vivir con justicia y buscar la paz y la felicidad que trae el Espíritu Santo.

ROMANOS 14:17, PDT

¿Tienes reglas en la escuela, o en tu casa? Probablemente no te permiten saltar sobre los sillones, comer dulces en la mañana, o conversar después de haberte ido a la cama. Las reglas pueden ser molestas, pero hay algo mejor con respecto a ellas. Te mantienen seguro y sano.

Jesús no vino para darnos un puñado de reglas. Él no quiere que simplemente lo obedezcas. Él sabe que sus caminos te ayudarán a conocer su vida, su alegría y su paz cuando te hagas amigo de Él.

Padre, gracias porque tu reino se trata de mucho más que reglas. Por favor, ayúdame a conocer tu amor que me da la fuerza para obedecerte, y así caminaré en rectitud, paz y alegría.

Por amor

*Que Cristo viva en sus corazones por la fe,
y que el amor sea la raíz y el fundamento de sus vidas.*
EFESIOS 3:17, DHH

Cuando una planta crece, normalmente solo vemos lo que sucede por encima de la tierra. Admiramos las hojas y los colores de las flores; pero ninguna planta se ve así sin tener raíces fuertes y robustas en la tierra. Esas raíces hacen que la planta crezca sana y hermosa.

Nosotros nos convertimos en personas hermosas cuando dejamos que Dios sea como nuestras raíces. Si puedes recordarte a ti mismo cada día que Dios te ama, mostrarás su amor por fuera y eso te hará ser incluso más hermoso.

Padre, dame la gracia para confiar en tu amor por mí. Ayúdame a profundizar mis raíces en tu amor y en nada más.

Mucho mejor

Hazme oír cada mañana acerca de tu amor inagotable, porque en ti confío. Muéstrame por dónde debo andar, porque a ti me entrego.

SALMOS 143:8

Imagínate a ti caminando por un pasillo cuando de repente se apagan las luces. Hace solo un momento sabías hacia dónde ibas, pero ahora no estás tan seguro. Intentas recordar dónde estaba la puerta y cuán lejos estabas de la pared.

A veces podemos confundirnos y encontrarnos en situaciones difíciles. Dios nos ha dado la Biblia como una guía para ayudarnos cada día. También nos ha dado al Espíritu Santo que vive en nuestro interior, y puede enseñarnos el camino correcto.

Padre, gracias porque tú eres quien dices que eres. Ayúdame a creer en ti incluso cuando esté confuso.

Sabiduría con la edad

Del mismo modo, ustedes los más jóvenes tienen que aceptar la autoridad de los ancianos; y todos vístanse con humildad en su trato los unos con los otros, porque «Dios se opone a los orgullosos pero da gracia a los humildes».

1 PEDRO 5:5

¿Quién es más viejo que tú? Tus padres, tus maestros, tu cuidadora. Cuando eres joven, la mayoría de las personas son más viejas que tú. Ahora piensa en cuántos años más viejos son. ¿Son diez años? ¿Veinte años? ¿Treinta años, o incluso más?

Las personas de más edad saben más porque han vivido mucho más tiempo que tú. Si confías en esas personas, asegúrate de que escuchas lo que dicen y entiendes que ellos son más sabios que tú. De eso se trata el respeto.

Padre, gracias por las personas de más edad en mi vida que se interesan por mí. Ayúdame a respetarlas siempre.

Mira un destello

Un día en tu templo es mejor
que mil días en cualquier otro lugar.
Preferiría ser el portero de la casa de mi Dios
que vivir en la casa de un perverso.

SALMOS 84:10, PDT

Imagina que estás en medio de dos campamentos. A un lado hay muchas tiendas pequeñas, solo lo bastante grandes para que quepan una o dos personas. Al otro lado hay un hermoso castillo inmenso, lo bastante grande para que haya miles de personas. ¿Dónde preferirías estar? ¿En las tiendas, o en la puerta del castillo?

El escritor de este versículo dijo que prefería estar en la puerta de la gran casa de Dios que estar en cualquier otro lugar. ¿No estás de acuerdo?

Padre, gracias porque estás preparando un lugar para que esté contigo para siempre. Ayúdame a recordar que estar contigo es más importante que cualquier otra cosa en la vida.

JULIO 13

Pensamientos sobre la belleza

Que la belleza de ustedes no sea la externa, que consiste en adornos tales como peinados ostentosos, joyas de oro y vestidos lujosos. Que su belleza sea más bien la incorruptible, la que procede de lo íntimo del corazón y consiste en un espíritu suave y apacible. Esta sí que tiene mucho valor delante de Dios.

1 PEDRO 3:3-4, NVI

¿Cuándo fue la última vez que te hicieron un corte de cabello? ¿Te lo cortaron tus padres, o te llevaron a una peluquería? ¿Alguna vez te hicieron un corte de cabello que no te gustó nada? A veces nos importa mucho cómo nos vemos por fuera.

A Dios no le importa cómo se ve tu cabello, ¿no crees? Él ama toda tu persona, por dentro y por fuera, y lo que Él cree que es más bello es tener un corazón amable y tranquilo. ¿No es genial saber que a Dios le interesan las cosas correctas?

Señor, ayúdame a verme como tú me ves. Ayúdame a saber lo que tú has puesto dentro de mí.

Un sí alegre

Restaura en mí la alegría de tu salvación
y haz que esté dispuesto a obedecerte.
SALMOS 51:12, NTV

¿Recuerdas alguna vez en que no querías hacer lo que tus padres te pidieron? Quizá te dijeron que fueras a cepillarte los dientes y tú decidiste ignorarlos porque no querías irte a la cama. Tenemos muchas ocasiones para obedecer cada día.

Probablemente sabes que, al final, nos sentimos muy bien cuando hacemos lo correcto. Cuando obedeces, ¡eso también pone contentos a tus padres! A Dios le encantaría que lo obedeciéramos también a Él con alegría.

Señor, tu camino es el mejor. Ayúdame a obedecerte siempre y a estar alegre por obedecer a otros.

Bondad

Más bien, sean bondadosos y compasivos unos con otros, y perdónense mutuamente, así como Dios los perdonó.

Efesios 4:32, NVI

Puede ser divertido buscar maneras creativas de ser bueno. Podrías decidir agarrar una flor para tu mamá, o lavar los platos sin que te lo pidan. Podrías crear una tarjeta para tu amigo, o buscar un esparadrapo para tu hermano pequeño que se hizo daño en la rodilla.

Mientras más maneras busques de ser bueno, más se convertirá la bondad en una parte de quién eres. Lo mismo sucede con el perdón. Cada vez que decidimos perdonar a otras personas, ¡se hace más fácil ser una persona que perdona!

Señor, ayúdame a seguir siempre tu ejemplo de bondad y amor. Ayúdame a ser rápido en perdonar igual que tú me perdonaste.

¡Eres rico!

Diles que usen su dinero para hacer el bien. Deberían ser ricos en buenas acciones, generosos con los que pasan necesidad y estar siempre dispuestos a compartir con otros. De esa manera, al hacer esto, acumularán su tesoro como un buen fundamento para el futuro, a fin de poder experimentar lo que es la vida verdadera.

1 Timoteo 6:18-19

Es difícil ahorrar dinero. Eres demasiado joven para trabajar, de modo que necesitas que tus padres paguen las cosas hasta que tú puedas conseguir dinero. Pero el dinero no es el único modo en que puedes ser rico.

Si no tienes mucho dinero pero tienes mucho tiempo extra, puedes usar tu tiempo para bendecir a otros. ¿Qué haces en tu tiempo libre? ¿De qué maneras podrías mostrar el amor de Dios a otras personas?

Padre, gracias por darme mucho amor. Ayúdame a compartir tu amor con quienes tienen necesidad.

JULIO 17

Sin sorpresas

Queridos amigos, no se sorprendan de las pruebas de fuego por las que están atravesando, como si algo extraño les sucediera.

1 PEDRO 4:12

A veces suceden cosas extrañas. ¿Pensarías que era extraño si te encontraras a un elefante en tu patio trasero? ¿Y si tu mamá te sirviera brócoli para el desayuno? ¡Eso sí que sería extraño!

Cuando pasamos por tiempos difíciles, la Biblia dice que no deberíamos pensar que es extraño. Dios sabía que la vida sería difícil algunas veces. Él dijo que esperáramos esos tiempos difíciles para poder recordar que Dios tiene el control y que cuidará de nosotros. Ahora bien, eso no es extraño; ¡es maravilloso!

Dios, ayúdame a atravesar los tiempos difíciles porque sé y creo que tú eres bueno.

Ayúdame a vestirme

Dado que Dios los eligió para que sean su pueblo santo y amado por él, ustedes tienen que vestirse de tierna compasión, bondad, humildad, gentileza y paciencia.

COLOSENSES 3:12

Cada día cuando te levantas de la cama, tienes una decisión que tomar. ¿Voy a estar contento o triste? ¿Voy a ser amable o desagradable? ¿Positivo o negativo?

Dios nos dice que escojamos nuestra actitud igual que escogemos nuestra ropa. No tenemos que fingir siempre que somos la persona más feliz del mundo, pero incluso en los días malos podemos decidir. Podrías ser la persona que alegra el día a alguien dándole una probada de la alegría que tú has encontrado en Jesús.

Padre Dios, hoy te pido que me ayudes a decidir tener un mejor ánimo y a tomar buenas decisiones por ti.

Listo para perdonar

Sean comprensivos con las faltas de los demás y perdonen a todo el que los ofenda. Recuerden que el Señor los perdonó a ustedes, así que ustedes deben perdonar a otros.

COLOSENSES 3:13

¿Alguna vez tuviste una pelea con un amigo que duró días? Puede ser bastante triste estar enojado con alguien por mucho tiempo. No nos hace sentir bien. Eso significa no ser comprensivo, mantenerse enojado en lugar de dejarlo pasar y perdonar.

¿Cómo perdonas a las personas? ¡Simplemente lo haces! La Biblia no dice que hay palabras que tenemos que usar, o que tenemos que sentirnos bien con alguien. Solo dice que perdonemos. Comienza con decir en tu corazón, o en voz alta, que perdonas a esa persona. Lo bueno es que Jesús hace el resto por ti; tú solo tienes que soltar eso.

Señor, tú me has perdonado. Por favor, dame la gracia para perdonar a quienes me han ofendido.

Vale la pena

Alégrense de compartir los sufrimientos de Cristo para que estén llenos de alegría el día en que él aparezca en su gloria.

1 Pedro 4:13, PDT

Correr una carrera puede ser divertido, pero si es una carrera larga puede ser muy difícil. Comienzas a cansarte, tus piernas comienzan a doler, y comienzas a tener sed. Pero si sigues adelante terminarás la carrera, ¡e incluso podrías ganar!

Nuestra vida con Dios puede ser como una carrera. Puede que a veces sea difícil. Podrías no sentirte alegre, y quizá pueden sucederte cosas tristes. Si sigues viviendo con el amor de Dios en tu corazón y recuerdas amarlo a Él también, entonces puedes recordar sonreír.

Jesús, dame alegría en esos días en que me resulta difícil. Ayúdame a recordar que el cielo me está esperando.

Los pájaros no se preocupan

Miren los pájaros. No plantan ni cosechan ni guardan comida en graneros, porque el Padre celestial los alimenta. ¿Y no son ustedes para él mucho más valiosos que ellos? ¿Acaso con todas sus preocupaciones pueden añadir un solo momento a su vida?

MATEO 6:26-27

¿Sabes cómo consiguen su comida los pájaros? ¿Cómo encuentran lugares seguros para descansar en la noche? Dios diseñó la naturaleza de tal modo que criaturas como los pájaros no tienen que preocuparse. Los pájaros encuentran árboles grandes y hermosos para mantenerse a salvo en la noche, y despiertan para encontrar su desayuno en la tierra en la mañana.

Dios no quiere que tampoco nosotros nos preocupemos. Él dice que se interesa incluso más por nosotros que por los pájaros. Si esos pequeños pájaros no tienen que preocuparse por la vida, ¡entonces tú tampoco! Confía en que Dios cuida de ti.

Dios, gracias por tu creación asombrosa. Ayúdame a confiar siempre en que tú cuidarás de mí.

JULIO 22

Otros primero

Todavía no siguen al Espíritu. Aun hay envidias y peleas entre ustedes, ¿no demuestra eso que todavía no han crecido espiritualmente y que actúan como cualquier otro del mundo?

1 Corintios 3:3, PDT

¿Alguna vez quisiste el juguete que a tu amigo le acaban de regalar por su cumpleaños? ¿Alguna vez has estado celoso de tu hermano y tu hermana porque ellos tuvieron un tiempo especial con tu mamá o tu papá?

Cuando gruñimos por lo que otros tienen, no estamos pensando en lo mejor para ellos. Nos peleamos porque solo pensamos en nosotros mismos. Dios quiere que seamos diferentes. Quiere que pensemos primero en los demás, y nos pongamos contentos cuando les suceda algo bueno. ¿Puedes cambiar hoy tu actitud hacia otras personas?

Dios, mueve mi corazón para que me interese por otros en lugar de solo interesarme por lo que yo quiero. Ayúdame a estar feliz por otros.

Nuestro Creador

Cuando miro el cielo de noche y veo la obra de tus dedos —la luna y las estrellas que pusiste en su lugar—, me pregunto: ¿qué son los simples mortales para que pienses en ellos, los seres humanos para que de ellos te ocupes? Sin embargo, los hiciste un poco menor que Dios y los coronaste de gloria y honor.

SALMOS 8:3-5

En la historia de la creación, Dios creó la luz y la oscuridad, el agua y el cielo, la tierra y las plantas, el sol, la luna y las estrellas, peces y aves, y los animales. Él los llamó "buenos". Entonces, creó a los seres humanos y dijo que eran "muy buenos". Cuando Dios estaba creando, se emocionaba mucho por cada nueva creación, pero se emocionó especialmente cuando creó a los seres humanos.

Recuerda que eres una creación especial. Él se emociona cuando piensa en ti. Siempre serás especial para Él.

Oh Dios, es asombroso que tú, el Dios que creó el universo, se interese por mí. Ayúdame a recordar esto cada día.

¡Alabado sea el Señor!

¡Alabado sea el Señor!
Que todo lo que soy alabe al Señor.
Alabaré al Señor mientras viva;
cantaré alabanzas a mi Dios con el último aliento.
Salmos 146:1-2

Cuando haces algo realmente bien, como deletrear todas las palabras correctamente, o cuando has tenido una lección de natación estupenda, o cuando ordenas tu cuarto, probablemente oirás a tus padres o a tu maestro decirte que has hecho un buen trabajo. Se siente bien saber que alguien está contento con lo que has hecho.

La palabra *alabar* significa decirle a alguien que es muy bueno en algo. Cuando la Biblia dice que alabemos al Señor, significa que entendemos que Dios es un Dios realmente bueno y le damos las gracias por eso. Por lo tanto, díselo a Él cada día, ¡de todas las maneras!

Señor, tú eres muy bueno conmigo y con los demás. Muchas gracias por ser un Dios tan grandioso.

JULIO 25

El juego de tirar de la cuerda

Si tú encaminas tu mente y extiendes las manos hacia él, si apartas de ti el mal y no dejas habitar el delito en tus carpas, con toda seguridad que levantarás tu rostro sin tacha, estarás seguro y libre de temor.

JOB 11:13-15, PDT

¿Conoces el juego de tirar de la cuerda? Tu equipo y tú se agarran a un extremo de una cuerda muy larga, y otro equipo se agarra fuerte al otro extremo. Los dos equipos tiran de la cuerda en direcciones contrarias e intentan tirar para que el otro equipo traspase la línea.

A veces, parece que estamos en el juego de tirar de la cuerda de lo bueno y lo malo. Queremos hacer lo correcto, y entonces somos empujados hacia hacer lo equivocado. Dios dice que si sigues pensando en Él y en lo que Él querría, ¡será más fácil que gane el lado de lo bueno!

Señor, gracias porque tu camino es el mejor. Ayúdame a ser cada vez más fuerte contigo.

Rescatado

Gritaré de alegría y cantaré tus alabanzas,
porque me redimiste.
SALMOS 71:23

Un muchacho talló un pequeño bote de un pedazo de madera. Decidió probarlo en un arroyo, pero el arroyo se llevó flotando su bote más rápido de lo que él podía seguirlo. Unas semanas después, cuando su papá y él estaban en la ciudad, vieron su bote en un escaparate de una tienda. Él tendría que pagar para recuperar su bote, y lo hizo porque era muy especial para él.

Es parecido a lo que Jesús hizo por nosotros. Él es como el muchacho, y nosotros somos como el bote que él hizo. Jesús entregó su vida para recuperarte. ¡Él te ama hasta ese extremo!

Oh Señor, tú me creaste, pero estuve perdido hasta que me encontraste. ¡Gracias por comprarme para recuperarme!

JULIO 27

Pídele

No se preocupen por nada; en cambio, oren por todo. Díganle a Dios lo que necesitan y denle gracias por todo lo que él ha hecho. Así experimentarán la paz de Dios, que supera todo lo que podemos entender. La paz de Dios cuidará su corazón y su mente mientras vivan en Cristo Jesús.

FILIPENSES 4:6-7

Lo genial de Dios es que Él siempre sabe lo que necesitas. Cuando necesitas a alguien con quien conversar, Él está ahí. Cuando necesitas ayuda, Él está ahí. Él nunca te abandonará.

Es fácil olvidar que podemos orar a Dios incluso cuando no sentimos que Él tenga que darnos nada. Dios quiere oír todo: lo bueno y lo malo. Habla con Él y deja que dé paz a tu corazón porque sabes que Él cuida de ti.

Señor, te entrego mis preocupaciones y te doy gracias por tus promesas.

JULIO 28

Deténganse en el cruce y miren a su alrededor; pregunten por el camino antiguo, el camino justo, y anden en él. Vayan por esa senda y encontrarán descanso para el alma. Pero ustedes responden: "¡No, ese no es el camino que queremos!".

Jeremías 6:16

Si sales a dar un paseo en auto, o incluso a caminar, verás muchas señales. Las señales te indican el camino que quieres tomar, y te hablan del lugar que recién pasaste. Si ves una señal que dice: "No entrar", sabes que no puedes ir allí.

Cuando tienes que tomar decisiones, como si practicar tu instrumento o jugar a un juego, piensa en el tipo de señales que Dios te da. Si Él diría: "Esto es bueno" o "Esto es malo". Aprende los caminos de Dios porque siempre son correctos.

Dios, ayúdame a entenderte y escucharte cuando tenga que tomar decisiones importantes.

JULIO 29

Una segunda oportunidad

¡El fiel amor del Señor nunca se acaba!
Sus misericordias jamás terminan.
Grande es su fidelidad; sus misericordias
son nuevas cada mañana.

Lamentaciones 3:22-23

¿Has visto alguna vez una película donde la persona viaja hacia atrás en el tiempo y vive otra vez todo el día? Quizá la persona puede enmendar un error y hacerlo todo del modo correcto.

Vivir en la gracia de Dios se parece a poder comenzar de nuevo cada día. Dios no te reprocha nada del día de ayer. Él tiene nuevas bendiciones para ti cada mañana.

Jesús, recibo tu amor y tu perdón esta mañana. Ayúdame a enfocarme en el presente y no preocuparme por el día de ayer.

Es mejor dos

Es mejor ser dos que uno, porque ambos pueden ayudarse mutuamente a lograr el éxito. Si uno cae, el otro puede darle la mano y ayudarle; pero el que cae y está solo, ese sí que está en problemas. Del mismo modo, si dos personas se recuestan juntas, pueden brindarse calor mutuamente; pero ¿cómo hace uno solo para entrar en calor?

ECLESIASTÉS 4:9-11

¿Alguna vez has tenido tanto frío que te has colado en el cuarto de tus padres para acurrucarte en su cama calientita? Si no hubiera nadie en esa cama, no estaría tan calientita, ¿verdad?

Dios piensa que las personas se necesitan las unas a las otras, y por eso hizo a tantos de nosotros, y por eso nos da familia y amigos. Cuando encuentres personas en las que confías, recuerda ser amable y útil con ellas, y asegúrate de pedirles ayuda cuando la necesites. Dios nos creó para amarnos los unos a los otros.

Jesús, gracias por la familia y los amigos en los que puedo confiar. Ayúdame a amar a otros siendo útil.

El mandamiento más importante

Ama al Señor tu Dios con todo tu corazón, con todo tu ser y con toda tu mente. Este es el primero y el más importante de los mandamientos.

MATEO 22:37, NVI

Es bastante interesante pensar en el amor como una regla, ¿no es cierto? Tus padres te dirán que te sientes callado, o que te comas la cena, o que te vayas a la cama, pero normalmente no te ordenan que los ames.

Bueno, Dios dice que amar es el mandamiento más importante de todos. ¿Sabes por qué? Porque puedes cumplir todas las otras reglas si eres alguien que ama a Dios y ama a los demás.

Jesús, gracias por amarme tanto. Ayúdame a mostrar mi amor por ti en todo lo que haga hoy.

AGOSTO

¡Den gracias al Señor, porque él es bueno!
Su fiel amor perdura para siempre.

Salmos 136:1

AGOSTO 1

Las promesas de Dios

No tengas miedo, porque yo estoy contigo;
no te desalientes, porque yo soy tu Dios.
Te daré fuerzas y te ayudaré;
te sostendré con mi mano derecha victoriosa.

Isaías 41:10

Es divertido recibir trofeos y premios por cosas como competencias de baile, exhibiciones de arte, y torneos deportivos. También puede ser triste cuando no consigues el premio. Cuando solo pensamos en los trofeos, podríamos olvidar que disfrutar de la actividad es mejor que un premio.

Dios no tiene ganadores o perdedores. Cuando amas a Dios, ya eres un ganador junto con todos los demás que aman a Dios. No tengas miedo ni estés triste; ¡tú eres un campeón para Dios!

Dios, es muy hermoso saber que incluso cuando meto la pata, tú estás ahí. Gracias porque cada día que te amo es un día en que estoy ganando.

De la oscuridad a la luz

Pues él nos rescató del reino de la oscuridad y nos trasladó al reino de su Hijo amado, quien compró nuestra libertad y perdonó nuestros pecados.

COLOSENSES 1:13-14

Si te has mudado alguna vez a una casa distinta, probablemente sentiste muchas emociones diferentes. Podrías estar triste, emocionado y asustado, todo en un solo día, ¡o en una hora!

La Biblia habla de que hemos pasado de la oscuridad a la luz. Eso significa que antes podríamos estar atascados en el lugar equivocado, pero Dios nos ha mostrado una nueva manera de vivir. Vivir en la luz de Dios es el mejor lugar donde estar.

Señor, gracias por trasladarme de un lugar oscuro a un maravilloso lugar de luz. Ayúdame a recordar que tú tienes el mejor reino.

Un corazón quebrantado

El Señor está cerca de los que tienen quebrantado el corazón; él rescata a los de espíritu destrozado.
Salmos 34:18

Jesús sabe lo que es tener un corazón quebrantado o roto. Él fue herido por personas a las que apreciaba, y fue difícil para Él morir en la cruz. Por eso la Biblia dice que Él puede estar cerca de nosotros cuando lo estamos pasando mal, porque Él lo entiende.

¿Lo estás pasando mal hoy? ¿Conoces a alguien que esté triste, o enojado, o molesto? Recuerda que Jesús se interesa, y Él te rescatará cuando más lo necesites.

Dios, estoy muy agradecido porque tú entiendes cuando tengo un mal día. Gracias porque siempre estás cerca de mí.

Fe sin ver

Fue por la fe que Abraham obedeció cuando Dios lo llamó para que dejara su tierra y fuera a otra que él le daría por herencia. Se fue sin saber adónde iba.

HEBREOS 11:8

Imagina si alguien te diera una fotografía de un lugar en el mundo y entonces dijera: "Tienes que ir allí". Querrías saber dónde estaba, cómo llegar, y qué necesitarías llevar. En la Biblia, Dios le pidió a Abraham que fuera a un lugar, y Abraham no sabía dónde era. ¡Simplemente fue!

La verdadera fe siempre obedece a Dios. De hecho, nuestra obediencia a Dios es lo que nos muestra que nuestra fe es real. Abraham dio un paso cada vez antes de que le mostraran el siguiente. ¿Permitirás que Dios te muestre cuál es tu paso siguiente?

Padre Dios, ayúdame a confiar más en ti, y guíame en cada paso del camino.

Confianza ciega

Ustedes lo aman a pesar de no haberlo visto; y, aunque no lo ven ahora, creen en él y se alegran con un gozo indescriptible y glorioso, pues están obteniendo la meta de su fe, que es su salvación.

1 Pedro 1:8-9, NVI

Puede ser difícil creer en Dios porque no podemos verlo. Nos gusta tener cerca a nuestros amigos y familia porque pueden darnos abrazos y podemos ver sus caras cuando conversamos con ellos.

Cuando Dios creó a Adán y Eva, ellos podían caminar con Él en el Huerto del Edén. Ahora, debido al pecado, ya no podemos mirar directamente el rostro de Dios pero Él sigue caminando con nosotros. Dios está cerca de nosotros incluso cuando no sabemos que lo está. Por eso podemos amarlo y confiar en Él aunque no podamos verlo.

Señor, sé que tú eres real aunque no puedo verte con mis ojos. Gracias por estar conmigo.

Fuerzas

Todo lo puedo hacer por medio de Cristo, quien me da las fuerzas.
FILIPENSES 4:13

¿A qué se refiere la Biblia cuando dice que podemos hacer todo? ¿Podemos volar como un pájaro? ¿Podemos hacer aparecer un dulce? ¿Podemos montar sobre un tigre? Dios no quiere decir que Él es un mago, sino que podemos hacer lo que Él nos creó para que hagamos si tan solo se lo pedimos.

Cuando tenemos un mal día, discutimos con un amigo, o incluso perdemos a alguien que amamos, Dios puede darnos las fuerzas para seguir adelante. Descubrirás que Dios te bendecirá de modo que puedes hacer más de lo que pensabas que podías hacer.

Dios, gracias por tus fuerzas. Puedo hacer todo porque te tengo a ti.

AGOSTO 7

Pies de ciervo

Porque el Señor me da fuerzas;
da a mis piernas la ligereza del ciervo
y me lleva a alturas donde estaré a salvo.
HABACUC 3:19, DHH

Cuando Dios creó a los ciervos, les dio pies que les permitirían hacer todo lo que necesitaban hacer. Fueron creados para galopar por un campo a máxima velocidad, saltar la valla más alta, y recorrer rápidamente una colina empinada. Nuestra capacidad no viene de que tenemos piernas como las de un ciervo, sino de la oración.

Dios es tu fuerza hoy. Él te dará lo que necesitas para caminar con Él por los valles y las montañas. Él te ayudará a levantarte incluso si te caes.

Gracias, Dios, por darme fuerza y confianza, y por ayudarme a levantarme cuando me caigo.

Concentra tus pensamientos

Concéntrense en todo lo que es verdadero, todo lo honorable, todo lo justo, todo lo puro, todo lo bello y todo lo admirable. Piensen en cosas excelentes y dignas de alabanza.

FILIPENSES 4:8

¿Alguna vez has intentado clavar un clavo en un tronco de madera? Podría ser difícil, pero cuando ese clavo está clavado, es muy difícil volver a sacarlo de la madera.

La Biblia dice que fijemos o concentremos nuestros pensamientos en cosas buenas. Es como clavar nuestros pensamientos con fuerza en cosas verdaderas y puras. Si hacemos eso las veces suficientes, se quedarán pegadas en nuestra mente, igual que ese clavo clavado en la madera. Decide en este día creer que eres amado y cuidado, y que Dios nunca te dejará.

Señor, hoy decido concentrar mis pensamientos en ti y en todas tus cosas buenas.

Olvido

Me concentro únicamente en esto: olvido el pasado y fijo la mirada en lo que tengo por delante, y así avanzo hasta llegar al final de la carrera para recibir el premio celestial al cual Dios nos llama por medio de Cristo Jesús.

FILIPENSES 3:13-14

¿Alguna vez llegaste a la escuela y te diste cuenta de que habías olvidado tus libros, o tu camiseta de deporte, o tu botella de agua? Olvidar cosas puede ser realmente molesto.

Hay un tipo de olvido bueno. La Biblia dice que olvides los errores que cometiste ayer, la semana pasada, o el año pasado. En cambio, deberías mirar adelante a una vida maravillosa en Jesús.

Señor, gracias por perdonarme las cosas equivocadas que hice ayer. Decido hoy perdonarme a mí mismo y mirar adelante a todo lo que tú has planeado para mí.

Perdón

Si no perdonan a otros sus ofensas, tampoco su Padre les perdonará a ustedes las suyas.

MATEO 6:15, NVI

Algunas veces, ¡otras personas pueden ser totalmente mezquinas! Pueden decir cosas desagradables, engañarnos, o incluso robarnos. Duele cuando eso sucede.

Nadie es perfecto. A veces somos nosotros los que somos mezquinos y desagradables con otros. Qué bueno que, cuando eso sucede, pedimos perdón a la persona que hemos herido y también a Dios. Si pedimos perdón de verdad, Dios perdonará y lo olvidará todo.

Jesús, por favor perdóname y ayúdame a perdonar a las personas que me han ofendido.

Tentación

Jesús mismo sufrió y fue tentado, por eso puede ayudar a aquellos que son tentados.

HEBREOS 2:18, PDT

Jesús sabe lo que es querer tomar la salida fácil. Cuando sabía que su muerte estaba cerca, oró por si había otro camino. Al final, tomó la decisión de hacer lo que era mejor para otros.

Nosotros debemos ser como Jesús. Algunas veces es difícil tomar la decisión correcta. Parece que sería mucho más sencillo tomar la senda fácil. Podemos encontrar fuerzas en Jesús porque Él sabe cómo nos sentimos y nos ayudará a hacer lo correcto.

Padre, ayúdame a mantenerme fuerte cuando sea tentado a hacer algo equivocado. Quiero seguirte siempre y hacer lo correcto.

AGOSTO 12

Escogido por Dios

Pero ustedes son una familia escogida, un sacerdocio al servicio del rey, una nación santa, un pueblo adquirido por Dios. Y esto es así para que anuncien las obras maravillosas de Dios, el cual los llamó a salir de la oscuridad para entrar en su luz maravillosa.

1 Pedro 2:9, DHH

Creemos lo que nos dicen las personas sobre quiénes somos. Si somos inteligentes en la escuela, otros podrían decir que tenemos un buen cerebro. Si somos buenos en los deportes, podríamos volvernos populares. Si nos vemos bien, podrían decir que les caemos bien.

Dios no piensa que esas cosas son las más importantes. Él dice que somos amados y asombrosos porque le pertenecemos a Él. No necesitamos ser inteligentes, grandes deportistas, o bien parecidos. Ante los ojos de Dios somos atesorados y muy valiosos.

Señor, gracias por amarme más de lo que puedo imaginar. Gracias por escogerme.

Presume de Dios

Pero el Señor me dijo: «Mi bondad es todo lo que necesitas, porque cuando eres débil, mi poder se hace más fuerte en ti». Por eso me alegra presumir de mi debilidad, así el poder de Cristo vivirá en mí.

2 Corintios 12:9, PDT

¿Quién querría presumir de ser el corredor más lento en una carrera de equipo? ¿O de ser el peor estudiante? ¿O el artista menos creativo? No oímos con frecuencia que las personas están orgullosas de lo que se les da mal. Nos gusta mostrar nuestras habilidades.

La Biblia piensa de modo diferente en presumir. Dice que podemos presumir de lo que no se nos da bien. ¿Por qué diría eso? Cuando algo no se nos da muy bien, podemos ver que Dios es grande. Podemos decir: "Vaya, no hay modo alguno de que yo solo podría haber hecho eso".

Dios, brilla mediante las cosas que no se me dan bien para que así sepa que tú estás conmigo, y pueda mostrar a otros lo mucho que te interesas por ellos.

Él entiende

¿Acaso nunca han oído?
¿Nunca han entendido?
El Señor es el Dios eterno,
el Creador de toda la tierra.
Él nunca se debilita ni se cansa;
nadie puede medir la profundidad
de su entendimiento.

Isaías 40:28

Hay veces en las que nada parece salir como quieres. Tus amigos se enojan contigo por algo tonto, tu mamá decide que tienes que ordenar tu cuarto cuando no tienes tiempo, o la lluvia te deja metido en casa por días. Incluso cuando nadie parece escucharnos, nunca estamos solos.

Dios sabe exactamente lo que estamos atravesando, y Él entiende. Nunca se cansará de ayudarnos.

Oh Dios, estoy muy contento porque tú me entiendes. Tú me creaste, tú me conoces mejor que nadie, y me amas más de lo que puedo imaginar.

Esperanza en Dios

Entonces, Señor, ¿dónde pongo mi esperanza?
Mi única esperanza está en ti.
Salmos 39:7

¿Pondrías una manzana en la tostadora, o miel en tu cepillo de dientes? ¿Meterías tus zapatos en el lavaplatos, o tu cepillo en el horno? ¡No! Tienes que poner las cosas en el lugar correcto.

La Biblia dice que el lugar correcto para la esperanza es en Jesús. La esperanza se trata de creer en lo mejor para tu futuro, y Jesús es el único que va a darte el futuro mejor. Por lo tanto, ¡espera en Jesús!

Señor, hoy decido poner mi esperanza en ti. Tú me das todo lo que necesito.

A su imagen

Haré que la gente sea más escasa que el oro,
más escasa que el oro fino de Ofir.

Isaías 13:12

¿Qué crees que tienes que es más costoso? ¿Es el auto de tus padres, o la casa donde vives? ¡Quizá tienes una alcancía con mucho dinero dentro! Si preguntáramos a Dios qué es lo que más valor tiene, Él diría: "¡Tú!".

Ahora quizá sientes que nadie te ve ni se interesa por ti. Dios te creó como un ser humano asombroso, y vales más que el oro puro. ¡Créelo!

Señor, gracias por crearme a tu imagen y sin una etiqueta que pueda marcar lo suficiente para igualar mi valor. Gracias porque soy como el oro para ti.

Mi guía

Guiaré a los ciegos por camino desconocido
y por rutas inexploradas. Haré que delante de ellos
la oscuridad se convierta en luz y que
los caminos escabrosos se allanen.
Eso haré y no los abandonaré.

ISAÍAS 42:16, PDT

¿Alguna vez has hecho una caminata a ciegas? Una persona que puede ver el camino que hay delante tiene que guiar a su amigo que lleva los ojos tapados para evitar obstáculos y que así los dos lleguen a salvo hasta la línea de meta.

Nuestro caminar con Dios es muy similar. Dios sabe lo que hay por delante. Si escuchamos su voz con atención, Él nos guiará en la dirección correcta. Dios siempre quiere ser confiable. Nos corresponde a nosotros aprender a conocer su voz.

Gracias, Señor, por caminar siempre conmigo. Mantenme cerca de ti para que pueda conocerte más y seguir oyendo tu voz.

Ponte el cinturón

Entonces manténganse firmes, pónganse el cinturón de la verdad y protéjanse con la coraza de la justicia.

EFESIOS 6:14, PDT

Hay poder en la verdad, pero el enemigo siempre intentará alejarnos de la verdad. Llevar puesto el cinturón de la verdad nos ayuda a saber lo que es verdadero.

¿Te has puesto hoy tu cinturón de la verdad? Pasa tiempo leyendo la Palabra de Dios y encontrarás mucha verdad en ella. ¡Confía en Dios y mantente firme en la verdad!

Señor, estoy muy agradecido porque tú me has dado un modo de saber lo que es verdadero. Me pongo el cinturón de la verdad esta mañana y espero que será un día de alegría.

AGOSTO 19

¡Me resbalo!

Clamé: «¡Me resbalo!»,
pero tu amor inagotable, oh SEÑOR, me sostuvo.
Cuando mi mente se llenó de dudas,
tu consuelo renovó mi esperanza y mi alegría.
SALMOS 94:18-19

Si sabes cómo es la nieve, sabrás que puedes resbalarte muy fácilmente. Puedes ir caminando, y al instante siguiente te caes al suelo.

La vida puede darnos a veces cosas difíciles que nos hacen sentir como si estuviéramos caminando sobre nieve resbalosa. Sin la ayuda de Dios, nos caeremos. El plan de Satanás para nosotros es que nos resbalemos y caigamos en el enojo, el temor y la incredulidad. Clama a Dios esta mañana; agárrate fuerte a Él, y Él te guardará de caer.

Señor, gracias por darme tu mano y ayudarme en cada paso del camino.

Dios de todo consuelo

Toda la alabanza sea para Dios, el Padre de nuestro Señor Jesucristo. Dios es nuestro Padre misericordioso y la fuente de todo consuelo.

2 Corintios 1:3

Consuelo es lo que necesitamos cuando suceden cosas tristes. Necesitamos a alguien que se siente a nuestro lado, escuche nuestra historia, y nos dé un gran abrazo. A veces no tenemos cerca de nosotros a amigos o familia, pero recuerda que Dios está ahí. Puedes hablar con Él siempre que quieras.

Que este sea un gran día. Tienes un Dios que te ama y te cuida. Permite que te ayude cuando estés triste.

Padre, te doy mi preocupación y te pido que sostengas mi corazón. Comienzo este día contigo a mi lado.

Espera al Señor

Espero al Señor, lo espero con toda el alma;
en su palabra he puesto mi esperanza.
Espero al Señor con toda el alma,
más que los centinelas la mañana.
Como esperan los centinelas la mañana.

Salmos 130:5-6, nvi

¿Parece que queda muchísimo tiempo hasta tu próximo cumpleaños? Quizá llegará pronto, pero cuando termine, tienes que esperar todo un año hasta que regrese de nuevo. Esperar puede ser aburrido. Toma mucho tiempo, pero siempre vale la pena.

Dios incluso nos pide que esperemos. Él no siempre responde a nuestra oración enseguida, o la responde exactamente como nosotros pedimos. A su tiempo, nuestra respuesta llegará y valdrá la pena.

Señor, por favor ayúdame a ser paciente mientras espero a que tú te muevas en mi vida. Tú haces que todo ayude para mi bien. Confío en que tú harás lo que es mejor.

Mira el corazón

Pero el Señor le dijo a Samuel:
—No juzgues por su apariencia o por su estatura, porque yo lo he rechazado. El Señor no ve las cosas de la manera en que tú las ves. La gente juzga por las apariencias, pero el Señor mira el corazón.
1 Samuel 16:7

Cuando te miras en el espejo, ¿te gusta lo que ves? A algunos nos gustaría tener un cabello más bonito, o unos ojos más brillantes, o una sonrisa más amplia. Podemos pasar mucho tiempo preguntándonos cómo nos ven los demás, o comparándonos con estrellas de cine o incluso con nuestros mejores amigos.

No importa cuán bien te veas por fuera, solo importa cómo eres en tu interior. Dios ve las partes de ti que otros no ven. Él lo ve todo, Él ve tu corazón, y te ama completamente.

Jesús, ayúdame a verme a mí mismo como tú me ves. Recuérdame que tú miras la belleza de mi corazón.

AGOSTO 23

Sé valiente

Ya que este nuevo camino nos da tal confianza, podemos ser muy valientes.
2 CORINTIOS 3:12

Imagina que estuvieras en lo alto de una montaña muy alta y tuvieras que bajar todo el camino de un salto. Daría mucho miedo, ¿no es cierto? Pero imagina si te dijeran que en todo el camino, y especialmente abajo, había un aterrizaje muy esponjoso. ¡Saltarías si supieras que sería divertido!

La Biblia dice que tener esperanza nos hace ser valientes. Es como ese gran aterrizaje esponjoso que hace que no tengas miedo a saltar. Tenemos la esperanza de que un día estaremos en el cielo con Dios y con todas las demás personas que lo amaron a Él. Eso puede hacernos alegres y valientes.

Jesús, gracias porque puedo tener valentía debido a que tengo esperanza en que tú haces todas las cosas bien.

Perdona

Si perdonas a los que pecan contra ti,
tu Padre celestial te perdonará a ti.
MATEO 6:14

Si alguien nos ofende, o nos hace daño cuando estamos jugando, normalmente no queremos perdonar. A veces queremos estar enojados porque todavía nos duele. A veces podemos sentirnos bien al estar enojados, incluso si la persona dice que lo lamenta.

Dios fue herido por su pueblo porque ellos no dejaban de hacer cosas malas. Le duele cuando pecamos, pero Él siempre nos perdona porque nos ama mucho. Necesitamos intentar ser como Dios con los demás. Pídele que te ayude a perdonar como Él perdona.

Jesús, recuérdame que tú siempre eres bueno conmigo. Ayúdame a perdonar a otros porque yo también quiero ser bueno.

AGOSTO 25

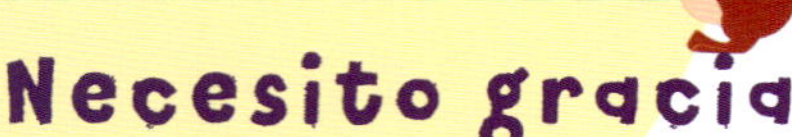

Necesito gracia

Pero él nos da mayor ayuda con su gracia.
Por eso dice la Escritura:
«Dios se opone a los orgullosos,
pero da gracia a los humildes».
SANTIAGO 4:6, NVI

Si estuvieras jugando a un juego con tus amigos y alguien empieza a mandar, diciendo a todos que tenían que jugar según sus reglas, ¿cómo te sentirías? ¿Querrías hacerlo a su manera? Ahora, piensa en alguien que dice amablemente que podría haber un modo mejor de jugar al juego. Probablemente le escucharías.

Jesús quiere escuchar a las personas cuando le piden con un buen corazón. Si intentas decirle que lo haga a tu manera, eso no muestra que te interesas por lo que es mejor. Ser humilde significa escuchar a Jesús. Él te dará gracia.

Jesús, gracias porque tú me creaste para necesitarte. Ayúdame a saber que tú siempre tienes el mejor modo de hacer las cosas.

¡Acepta!

Por tanto, acéptense mutuamente, así como Cristo los aceptó a ustedes para gloria de Dios.

ROMANOS 15:7, NVI

¿Has estado alguna vez en una clase donde un alumno nuevo llegó a mitad de año? Quizá tú mismo has sido el alumno nuevo. Las personas nuevas pueden sentirse un poco perdidas y no saber con quién conversar.

El mejor modo de mostrar el amor de Dios a quien está solo es abrirle tus brazos y tu corazón. Dios nunca quiere que nos sintamos solos. Quiere que sepamos que somos amados, y quiere que mostremos a otros que ellos son amados. Acepta a las personas nuevas igual que Jesús te ha aceptado a ti.

Señor, ayúdame a ver y amar a quienes están solos, como haces tú. Cuando esté solo, ayúdame a sentir que tú estás conmigo.

AGOSTO 27

Alcancía

Qué grande es la bondad
que has reservado para los que te temen.
La derramas en abundancia sobre los que
acuden a ti en busca de protección,
y los bendices ante la mirada del mundo.

SALMOS 31:19

¿Tienes una alcancía, o sabes lo que es una alcancía? Normalmente tiene una ranura para introducir tu dinero, poco a poco. Con el tiempo, la alcancía se llena cada vez más. Si pudieras esperar hasta que esté totalmente llena, ¡contarías mucho dinero!

La bondad que nos da Dios es como una moneda en una alcancía. Dios sigue poniendo más bondad en nuestra vida, hasta que un día tenemos tanta bondad, que se derrama hacia las personas que nos rodean.

Dios, tus bendiciones me rodean. Gracias por tu bondad que rebosa en mí.

No es quien lo arregla todo

Entren por sus puertas con acción de gracias;
vengan a sus atrios con himnos de alabanza;
denle gracias, alaben su nombre.

SALMOS 100:4, NVI

¿Cómo le pides cosas a Dios? ¿Te quejas de lo que no tienes, o le dices exactamente lo que quieres? Algunas veces vemos a Dios como nuestro mago que lo pagará todo, lo arreglará todo, y se asegurará de que tengamos exactamente lo que queremos.

Dios quiere que le digamos lo que necesitamos, lo que nos da miedo, y cómo necesitamos ayuda, pero también quiere que se lo digamos cuando estamos contentos, agradecidos, o asombrados. Él se merece tu gratitud, así que dile hoy cuán agradecido estás.

Dios, gracias por todo lo bueno y lo recto que hay en mi vida.

AGOSTO 29

Ayuda a los demás

Ayúdense unos a otros a llevar sus cargas,
y así cumplirán la ley de Cristo.
GÁLATAS 6:2, NVI

¿Alguna vez tuviste que mover tú solo algo que era demasiado pesado? Tal vez necesitabas que un amigo se pusiera a tu lado y te ayudara a empujarlo. Todos necesitamos un poco de ayuda algunas veces.

¿Tienes un amigo a quien le vendría bien un abrazo, o unas palabras amables? Sé un buen amigo y ayuda porque Jesús quiere que muestres amor a los demás.

Jesús, ayúdame a mostrar amor a quienes me rodean. ¡Gracias por mis amigos!

Salir por las puertas

Si el Hijo los libera, serán ustedes verdaderamente libres.

Juan 8:36, NVI

Durante el tiempo de escuela no tienes permitido salir por las puertas que rodean la salida de la escuela. Cuando terminan las clases, puedes salir por esas puertas sin meterte en problemas.

Antes de la muerte y la resurrección de Jesús, éramos como niños que están dentro de una escuela con normas estrictas. Cuando Jesús murió y resucitó, fue como si nos dejaran salir por las puertas: ¡fuimos liberados!

Gracias, Jesús, por rescatarme y liberarme.

AGOSTO 31

Rodeado de regalos

Así que mi Dios les proveerá de todo lo que necesiten, conforme a las gloriosas riquezas que tiene en Cristo Jesús.

FILIPENSES 4:19, NVI

Cuando tu mamá o tu papá hace una lista de la compra, recorre la cocina y mira lo que hay en los armarios para ver si falta algún tipo de alimento que la familia necesitará.

Dios siempre está comprobando para ver lo que necesitamos. Él nos da lo que necesitamos, y entonces nos da cosas extra, ¡y las llamamos bendiciones! Bendiciones podrían ser: buena salud, buenos amigos, y una familia feliz, y todas ellas vienen de Dios. Dios nos muestra que nos cuida ocupándose de nuestras necesidades.

Jesús, gracias porque tú me das todo lo que necesito, ¡y a menudo me bendices con más aún!

SEPTIEMBRE

El Señor siempre cumple sus promesas;
es bondadoso en todo lo que hace.
El Señor ayuda a los caídos
y levanta a los que están agobiados
por sus cargas.

Salmos 145:13-14

Grandes o pequeñas

Dejen todas sus preocupaciones a Dios, porque él se interesa por ustedes.
1 PEDRO 5:7, DHH

Podemos encontrar mucho por lo que preocuparnos en un día. ¿Tendré tiempo suficiente para terminar mis tareas escolares? ¿Recordé poner comida al perro? ¿Hacen juego mis zapatos con mi ropa?

Ninguna de estas preocupaciones son demasiado pequeñas para Dios. Él se interesa por las grandes o las pequeñas. Podemos olvidar cuánto se interesa Él cuando nos enfocamos en nuestras preocupaciones en lugar de en sus bendiciones. Él nos da promesas como nuestro versículo de hoy para recordarnos que somos suyos cuando parece que tenemos mucho por lo que preocuparnos.

Dios, siempre que comience a preocuparme por cosas grandes o pequeñas, ayúdame a decirte cómo me siento y después a confiar en que tú te ocuparás de ellas.

Las mejores relaciones

El que con sabios anda, sabio se vuelve;
el que con necios se junta, saldrá mal parado.
PROVERBIOS 13:20, NVI

Cuando una manzana podrida se pone al lado de otras manzanas, lo podrido en la manzana puede hacer que las otras manzanas comiencen también a pudrirse. Así puede ser estar con personas que no toman muy buenas decisiones.

¿Tienes algunos amigos en tu vida que crees que toman decisiones realmente buenas? ¿Hay amigos en tu vida que crees que toman malas decisiones? Tenemos todo tipo de amigos, pero la Biblia dice que es bastante inteligente mantenernos cerca de los amigos que hacen el bien porque eso nos ayuda a hacer cosas buenas también.

Querido Jesús, gracias por el regalo de la amistad. Ayúdame a mantenerme cerca de mis amigos que son sabios.

Mi Sanador

SEÑOR mi Dios, te pedí ayuda
y me sanaste.
SALMOS 30:2, NVI

Cuando las personas se enferman, normalmente necesitan ayuda. ¿Recuerdas veces en las que has estado enfermo? No tienes mucha energía para levantarte de la cama, o para comer, o para jugar. Un adulto tendrá que quedarse en la casa y ayudarte. Te mantendrá calentito y te llevará comida y agua.

A Dios le importa cuando estamos enfermos, y quiere que le pidamos ayuda. Dios hizo nuestro cuerpo, y sabe cómo sanar nuestro cuerpo. También hizo ayudadores maravillosos para nosotros. Las personas que te cuidan cuando estás enfermo son el modo que Dios tiene de ayudarte. Dale hoy las gracias por su ayuda.

Jesús, gracias porque tú puedes sanarme y porque me ayudas cuando estoy enfermo.

Dios responde

Pero que pida con fe, sin dudar, porque quien duda es como las olas del mar, agitadas y llevadas de un lado a otro por el viento.

SANTIAGO 1:6, NVI

¿Has lanzado alguna vez una pelota o un palo al océano y lo has observado dar vueltas e ir de un lugar a otro sobre las olas? Dios dice que, cuando dejamos de creer en Él o en su bondad, somos como ese palo, que damos vueltas por todas partes sin saber dónde terminaremos.

Cuando crees, te pareces más a un árbol fuerte en la tierra, eres alguien que sabe que Dios es bueno, que Dios te ama, y que Dios te responderá. Cree hoy en las respuestas de Dios.

Jesús, creo en ti. Creo que tú me amas, que cuidas de mí, y que me responderás.

SEPTIEMBRE 5

Más fe

La esperanza postergada aflige al corazón,
pero un sueño cumplido es un árbol de vida.
PROVERBIOS 13:12

¿Cómo te sentirías si estuvieras esperando tu turno para subirte al columpio y la persona que lo está usando se quedara muchísimo tiempo? ¿Y si te dijera que le dieras un minuto más, y después se quedara otros cinco minutos más? ¡Ese es el tipo de espera que no es muy buena!

Dios no nos hará esperar por los motivos equivocados. A veces tenemos que esperar por buenas razones, pero Él no intenta que estemos frustrados o molestos. Dios te da grandes sueños para tu vida, y quiere que todas las cosas correctas te salgan bien.

Jesús, gracias porque me das esperanzas y sueños para un futuro hermoso, y porque puedo confiar en que tú quieres lo mejor para mí.

Difícil de amar

Queridos amigos, sigamos amándonos unos a otros, porque el amor viene de Dios. Todo el que ama es un hijo de Dios y conoce a Dios.

1 JUAN 4:7

¿Puedes pensar en alguien a quien te resulte difícil amar? Quizá es una persona mala en la escuela, o alguien que sabes que presume todo el tiempo. Incluso podría haber alguien en tu familia con quien siempre te peleas.

La buena noticia es que no tienes que amar a todas las personas tú solo. La Biblia dice que el amor viene de Dios. La próxima vez que creas que es demasiado difícil amar a alguien, pide a Dios que te dé su amor por esa persona.

Dios, necesito tu amor en este momento. Hay algunos niños a los que me resulta muy difícil amar, pero sé que puedo mostrarles amor con tu ayuda.

¡Sé valiente!

Te repito: sé fuerte y valiente. No tengas miedo ni te desanimes porque el Señor tu Dios estará contigo donde quiera que vayas.

JOSUÉ 1:9, PDT

Todos necesitamos valentía. No importa si somos jóvenes o viejos, bajitos o altos, confiados o tímidos. Podríamos necesitar valentía para decir lo siento, para cantar una canción, o para defender lo que es correcto. Necesitamos valentía en las partes más aburridas de la vida y en las partes más emocionantes.

En cualquier cosa que hagamos, no tenemos que tener miedo porque Dios está con nosotros. Podemos ser valientes porque sabemos que Él nos ayuda con todo y está a nuestro lado, todo el tiempo.

Jesús, muéstrame cómo mantenerme fuerte y ser valiente. Gracias por ser mi fortaleza.

Lleno de paz

La paz les dejo; mi paz les doy.
Yo no se la doy a ustedes como la da el mundo.
No se angustien ni se acobarden.
JUAN 14:27, NVI

¿Has visto alguna vez a un bebé que duerme? ¿Has estado al aire libre y te diste cuenta de que todo estaba en silencio? ¿Y alguna vez cuando estabas dibujando en silencio y no había nadie cerca para complicar las cosas? Todos esos son momentos de paz.

¡Dios ama la paz! Le gusta tanto, que Él te da paz. A veces, las cosas son demasiado ajetreadas, o demasiado ruidosas, o dan mucho miedo. En esos momentos, pide a Dios su paz en tu corazón; eso es lo que Él quiere darte.

Gracias, Jesús, por tu regalo de la paz. Estoy muy agradecido porque tú tranquilizas y calmas mi corazón.

SEPTIEMBRE 9

Aceptado

Los que el Padre me ha dado vendrán a mí,
y jamás los rechazaré.
JUAN 6:37

Las competencias son divertidas normalmente, pero también pueden ponerte nervioso. Si no ganas o consigues un premio, puedes sentirte un poco avergonzado o sentirte rechazado.

Cuando se trata de Dios, no hay competencia. Él acepta a todos tal como son porque nos ama igual a todos. Él te creó para que seas diferente a todos los demás, y le encanta que seas diferente. Recuerda que siempre serás aceptado por Dios.

Gracias, Dios, porque me amas exactamente tal como soy. Soy aceptado por ti porque tú me creaste y crees que soy asombroso.

Solo y perdido

Cuando vio a las multitudes, les tuvo compasión, porque estaban confundidas y desamparadas, como ovejas sin pastor.

MATEO 9:36

¿Alguna vez te has perdido en una tienda y alguien se acercó y te ayudó? Quizá te vio llorar o que te veías solo, y aunque no te conocía, quiso ayudarte.

Jesús se sintió así cuando vio que personas que lo rodeaban estaban sufriendo. Él se siente triste por la gente que está sola y perdida, y por eso siempre quiere ayudarnos a nosotros y a otros. Él se interesa tanto, que nos ayuda a encontrar nuestro camino.

Jesús, gracias porque te interesas lo suficiente como para ayudarme cuando estoy solo y perdido. Ayúdame a ser como tú y a interesarme también por los demás.

¡Ayúdame!

Los justos claman, y el SEÑOR los oye;
los libra de todas sus angustias.
SALMOS 34:17, NVI

¿Has oído el dicho: "No hay tal cosa como una pregunta tonta"? Es importante preguntar y pedir ayuda cuando no entendemos algo. Es así como aprendemos.

Dios sabe que necesitamos aprender sobre la vida y sobre cómo seguir. Por eso dice que, cuando le hacemos una pregunta o le pedimos ayuda, Él nos oye y decide respondernos. Le encantan nuestras preguntas, y quiere que le pidas ayuda a Él.

Jesús, gracias porque siempre puedo pedirte ayuda. Por favor, ayúdame hoy cuando las cosas se pongan difíciles, y sálvame de cualquier problema.

El amor de Dios

Y que así puedan comprender con todo el pueblo santo cuán ancho, largo, alto y profundo es el amor de Cristo. Pido, pues, que conozcan ese amor, que es mucho más grande que todo cuanto podemos conocer, para que lleguen a colmarse de la plenitud total de Dios.

EFESIOS 3:18-19, DHH

¿Comprendes cuán grande es el océano? ¿Sabes cuán profundo es, o cuán grande es? ¿Cuánto tiempo te tomaría viajar desde un extremo del mar hasta el otro extremo? Cuando piensas en el océano, ¡parece demasiado grande para comprenderlo!

El amor de Jesús es como el océano. Es demasiado grande y profundo para poder comprenderlo. Pero, igual que el océano, es real y siempre va a estar ahí. Por lo tanto, métete en su amor; ¡es hermoso!

Dios, abre mi corazón hoy para ver cuán hermoso, grande y profundo es tu amor por mí.

Haz cosas buenas

Permanezcan fuertes y constantes. Trabajen siempre para el Señor con entusiasmo, porque ustedes saben que nada de lo que hacen para el Señor es inútil.

1 CORINTIOS 15:58

Cuando decides compartir tu galleta con tu hermana, cuando ayudas a tu papá a poner la mesa, cuando te detienes para darle la mano a un compañero de equipo, Dios lo observa. Él observa todas las cosas buenas que haces, incluso si parecen pequeñas.

La Biblia dice que nada de lo que haces para Dios es inútil, porque hacer cosas buenas siempre muestra a otros que hay amor en el mundo, y eso nos da esperanza a todos.

Jesús, a veces me pregunto si alguien observa algunas de las cosas amables y buenas que hago. Gracias porque tú lo ves.

La luz

Yo soy la luz del mundo. El que me sigue no andará en tinieblas, sino que tendrá la luz de la vida.

JUAN 8:12, NVI

Imagina un mundo donde siempre fuera de noche. No habría calor, no verías los colores con su brillo, ¡y quizá estarías más soñoliento! Un mundo sin luz se vería y se sentiría diferente.

Cuando Jesús vino, dijo que Él era la luz. Las cosas se ven y se sienten mucho mejor cuando Jesús está cerca. Permítele que te muestre su luz para que así puedas tener una vida hermosa.

Jesús, gracias por tu presencia que es luz continua cuando la oscuridad amenaza con superarme. Tú eres mi rescatador, mi Salvador, y quien me ama perfectamente en todo tiempo.

SEPTIEMBRE 15

Ser como Jesús

Nadie tiene amor más grande que el dar la vida por sus amigos.

JUAN 15:13, NVI

¿A quién querrías parecerte cuando seas mayor? Podrías admirar a tu maestro, tu médico, o quizá a un cantante famoso. Queremos ser como las personas que han hecho cosas asombrosas.

Recuerda que Jesús ha hecho lo más asombroso de todo. Él dio su propia vida para que el mundo entero pudiera vivir eternamente. Él ama a todos por igual. Él caminó sobre el agua, resucitó a personas de la muerte, y sanó a quienes sufrían. ¡Ser como Jesús sería lo más grande que podrías hacer jamás!

Jesús, gracias porque diste tu vida por mí. Ayúdame a ser alguien que ama así a las personas.

Huesos rotos

Él sana a los de corazón quebrantado
y les venda las heridas.
SALMOS 147:3

¿Alguna vez te rompiste un hueso, o alguien en la escuela se rompió un brazo o una pierna? El hueso roto toma tiempo para curarse. Un médico normalmente pondrá una escayola para asegurarse de que se mantenga en el mismo lugar y que así pueda crecer unido otra vez.

Nuestros corazones pueden ser como un hueso roto. Decimos que estamos heridos cuando la gente nos hace cosas malas. Jesús quiere que sepas que Él sanará tu corazón, igual que esos huesos que se curan. Él puede ayudarte, y quiere que te mejores.

Gracias, Jesús, porque te interesas tanto por mí que te tomas el tiempo para sanar cualquier cosa en mí que esté herida.

SEPTIEMBRE 17

Sin condiciones

Acerquémonos con toda confianza al trono de la gracia de nuestro Dios. Allí recibiremos su misericordia y encontraremos la gracia que nos ayudará cuando más la necesitemos.

HEBREOS 4:16

Es difícil creer que el amor permanecerá para siempre. El amor que Dios Padre tiene por nosotros viene sin reglas. No hay absolutamente nada que podamos hacer o decir que quitará ese amor.

Aunque algunas veces tomamos malas decisiones, aun así podemos acudir a Dios en busca de perdón. Él siempre nos recibe cuando lamentamos lo que hicimos. De hecho, Él dice que seamos valientes para pedir perdón. Pídele su gracia, ¡y Él dirá sí!

Gracias, Jesús, porque puedo estar totalmente seguro de que tú me perdonarás. Te pido perdón ahora mismo, y sé que tú me recibes con amor.

¡Llega la alegría!

*Lo mismo les pasa a ustedes: Ahora están tristes,
pero cuando vuelva a verlos se alegrarán,
y nadie les va a quitar esa alegría.*

JUAN 16:22, NVI

Hay veces en las que estamos separados de nuestros padres. Podría ser cuando vas a la escuela, o en un campamento de verano. Tus padres podrían irse de vacaciones o a un viaje de trabajo y dejarte con otras personas que te cuiden.

Podrías sentirte triste cuando ellos se van, pero cada día que pasa significa que estás un día más cerca de volver a verlos. Cuando llega el momento, es emocionante verlos de nuevo, y te sientes muy alegre. ¡Será todavía mejor que eso cuando veamos a Jesús!

Jesús, gracias porque un día te veremos otra vez, ¡y eso nos hará muy felices!

SEPTIEMBRE 19

Fuerte y seguro

Pero cuando tenga miedo, en ti pondré mi confianza.
Alabo a Dios por lo que ha prometido.
En Dios confío, ¿por qué habría de tener miedo?
¿Qué pueden hacerme unos simples mortales?

SALMOS 56:3-4

¿Has visto alguna vez un pájaro dentro de una jaula con un gato sentado afuera observando al pájaro? Si no hubiera jaula, el pájaro estaría muy asustado, pero el pájaro sabe que está seguro dentro de la jaula.

Nosotros podemos sentirnos tan fuertes y seguros como ese pequeño pájaro porque tenemos la mejor protección de todas: Jesucristo. Él es fiel, y puedes confiar en que Él cuida de ti.

Jesús, cuando tengo miedo, sé que tú calmarás todos mis temores. Hazme sentir seguro, sabiendo que tú cuidas de mí.

Un hermoso regalo

*Sean agradecidos en toda circunstancia,
pues esta es la voluntad de Dios para ustedes,
los que pertenecen a Cristo Jesús.*

1 Tesalonicenses 5:18

Es fácil ser agradecido cuando todo en la vida va bien; pero puede ser difícil ser agradecido cuando la vida es difícil. Siempre podemos decidir. Podemos estar de mal humor cuando las cosas van mal, o podemos escoger la gratitud.

Cuando decidimos ser agradecidos, vemos todas las cosas buenas en lugar de ver todas las malas. La próxima vez que quieras quejarte de la cena, sé agradecido por tener comida. Cuando estés enojado con un amigo, sé agradecido porque Dios te dio amigos. Cuando te sientas enfermo, sé agradecido porque Jesús te ha perdonado. ¡Ser agradecido es bueno para ti!

Gracias, Jesús, por todas las cosas maravillosas que hay en mi vida. Ayúdame a cambiar mi mal humor por buen humor, ¡porque estoy agradecido!

SEPTIEMBRE 21

De tu lado

¡Dios es mi salvación!
Confiaré en él y no temeré.
El SEÑOR es mi fuerza,
el SEÑOR es mi canción;
¡él es mi salvación!

ISAÍAS 12:2, NVI

Cuando un jugador de fútbol marca un gol, o un jugador de básquet mete la pelota en la canasta, los celebran por ganar puntos para el equipo. Pero ese jugador de fútbol o de básquet no logró ese gol él solo. El resto del equipo estuvo trabajando duro para hacer que eso sucediera.

Del mismo modo, Dios trabaja con nosotros y para nosotros, para que podamos ser ganadores. No tienes que hacer cosas grandes tú solo, ni tienes que tener miedo o preocupación, porque Dios está de tu lado.

Señor, gracias porque te tengo en mi equipo, ¡para apoyarme y ayudarme cada día!

Lo lograrás

*Cuando cruces las aguas, yo estaré contigo;
cuando cruces los ríos, no te cubrirán sus aguas;
cuando camines por el fuego, no te quemarás
ni te abrasarán las llamas.*

ISAÍAS 43:2, NVI

¿Conoces la historia de Sadrac, Mesac, y Abednego? Eran tres jóvenes que no se arrodillaron ante el ídolo tal como su rey había demandado. En cambio, ellos adoraron a Dios, y por eso el rey los lanzó al fuego. El milagro fue que ninguno de ellos se quemó, y todos creyeron en el único Dios verdadero debido a la fe de ellos.

Tú puedes tener fe como esos jóvenes. A veces no quieres que te ocurran cosas malas o tristes, pero puedes creer que Dios te rescatará. Cuando Dios te saque de momentos difíciles, ¡otras personas sabrán que tienes un Dios asombroso!

Jesús, te pido que por medio de mi fe, los demás vean que tú eres asombroso.

Limpiado

Por tu amor, oh Dios, ten compasión de mí;
por tu gran ternura, borra mis culpas.
¡Lávame de mi maldad!
¡Límpiame de mi pecado!
SALMOS 51:1-2, DHH

Nadie es perfecto. Todos cometemos errores. La noticia realmente buena es que Dios nos ama a todos a pesar de todo; no importa lo que hayamos hecho.

El rey David cometió algunos errores terribles, probablemente peores de los que tú cometerás nunca. David sabía que podía acercarse a su Padre del cielo y ser limpiado. Nosotros podemos hacer lo mismo. Nuestro increíble Dios nos muestra gracia cuando menos la merecemos. Solo tenemos que pedírsela.

Señor, te pido tu perdón. Te pido que mis pecados sean lavados y que mi corazón vuelva a ser limpiado otra vez.

SEPTIEMBRE 24

Descanso

Vengan a mí los que estén cansados y agobiados, que yo los haré descansar. Acepten mi enseñanza y aprendan de mí que soy paciente y humilde. Conmigo encontrarán descanso. Mi enseñanza es agradable y mi carga es fácil de llevar.

MATEO 11:28-30, PDT

¿Muchas veces llegas a casa de la escuela, o de la práctica deportiva, y te desplomas en el piso? ¡Puede ser muy cansado! Solamente quieres quitarte los zapatos, la chaqueta y la mochila, y tumbarte.

A veces, nuestro corazón lo sentimos pesado y cansado con cosas que nos preocupan o por las que nos sentimos tristes. Dios promete quitar esos sentimientos, igual que tú te quitas tus zapatos y tu mochila. Él quiere que tu corazón y tu mente encuentren descanso en Él.

Jesús, gracias por quitar las cosas que me preocupan. Gracias porque tú puedes dar paz a mi corazón, y puedes dar descanso a mi mente.

SEPTIEMBRE 25

Buenos amigos

El amigo verdadero se mantiene
más leal que un hermano.
PROVERBIOS 18:24

A veces, lo único que queremos es estar con un buen amigos y conversar o jugar. Queremos compartir nuestras alegrías y preocupaciones con alguien a quien le importe de veras. Queremos disfrutar de estar juntos. Todo el mundo necesita un amigo así.

Igual que tú necesitas un buen amigo, también lo necesitan otras personas. ¿Estás siendo tú un buen amigo? Dios quiere que te mantengas leal a tus buenos amigos, que te intereses por ellos y los defiendas. Dios hizo la amistad para que fuera algo bueno.

Dios, estoy agradecido por todos mis amigos. Ayúdame hoy a ser un amigo realmente bueno.

Recompensas con trabajo

Creemos que somos salvos por la gracia de nuestro Señor Jesús.

HECHOS 15:11, NVI

¿Obtienes recompensas por hacer cosas buenas y trabajar duro? ¿Consigues estrellas en tu gráfica, un tiempo especial con tus padres, o quizá incluso dinero?

Las recompensas son geniales, pero no es así como entramos en el cielo. No tienes que hacer nada para ser aceptado por Dios; solo tienes que creer en Jesús. Puede parecer demasiado fácil, pero así es la gracia de Dios. Es su regalo para ti.

Gracias, Jesús, porque no tengo que ser perfecto todo el tiempo para tener vida eterna contigo.

Una mantita suave

Afortunados los que están tristes,
porque Dios los consolará.
MATEO 5:4, PDT

En una noche muy fría quizá necesitas envolverte con una mantita grande y suave. ¿Tienes una manta favorita para calentarte? Una manta te ayuda a sentirte cómodo cuando afuera hace mucho frío.

Dios sabe que a veces estamos muy tristes o molestos, y quiere hacer que nos sintamos bien en esos momentos. Igual que una manta grande, Dios cubre nuestro corazón con su amor y nos hace sentir mejor otra vez.

Jesús, gracias porque cuando estoy angustiado, tú me consuelas. Ayúdame a saber que estás a mi lado cuando te necesito.

Estaciones

Dios los bendice a ustedes, que ahora tienen hambre, porque serán saciados. Dios los bendice a ustedes, que ahora lloran, porque a su debido tiempo reirán.
LUCAS 6:21

¿Te encuentras alguna vez deseando que una estación termine para así poder pasar a la siguiente? Quizá estás esperando que llegue el verano, cuando puedes salir afuera y pasar mucho tiempo en el agua. Podrías estar esperando el otoño porque es cuando tu equipo deportivo comienza otra vez los juegos. Incluso podrías esperar el invierno para poder jugar en la nieve.

Es bueno saber que suceden cosas geniales en cada estación del año. Dios dice que, sin importar cómo te sientas, habrá un tiempo en que esos sentimientos llegarán a su fin, y serás bendecido con sentimientos diferentes.

Jesús, estoy agradecido porque tú creaste todas las distintas estaciones por las que paso en la vida. Ayúdame a recordar que hay cosas buenas por delante.

Nunca te dejará

El Señor mismo marchará al frente de ti y estará contigo; nunca te dejará ni te abandonará. No temas ni te desanimes.

Deuteronomio 31:8, NVI

En un día oscuro y nublado, podrías sentirte frío y mojado. A veces no puedes ver el sol porque hay demasiadas nubes, ¡pero eso no significa que el sol no esté ahí! Si cruzaras esas nubes un avión, verías el sol brillando tanto como siempre.

Algunas veces, en nuestro corazón y nuestra mente nos sentimos oscuros y tristes. Podrías pensar que Jesús no está cerca. Igual que el sol, Jesús siempre está ahí, y siempre está a tu lado. Recuerda que Él está solo a una oración de distancia.

Jesús, necesito tu luz en mi vida. Cuando las cosas sean demasiado difíciles, por favor recuérdame que tú estás aquí. Gracias porque tú nunca me dejas.

Nueva vida

Les aseguro que si el grano de trigo al caer en tierra no muere, queda él solo; pero si muere, da abundante cosecha.

JUAN 12:24, DHH

¿Alguna vez has visto un árbol gigante y te has preguntado cómo llegó a ser tan grande? ¿Has pensado alguna vez en cómo comenzó ese árbol? Comenzó como una diminuta semilla que había caído de otro árbol.

Jesús usó esta imagen para describir lo que sucedió cuando Él murió. Él cayó a la tierra como esa diminuta semilla, pero sucedió algo increíble después de que murió y volvió a la vida. Él salvó a personas del pecado, y ahora tenemos vida eterna en Él. ¡Asombroso!

Gracias, Jesús, por amarme lo suficiente como para morir por mí. En ese lugar comienza la nueva vida. ¡Gracias por llevarme a una nueva vida!

OCTUBRE

Pues yo sé los planes que tengo para
ustedes —dice el Señor—.
Son planes para lo bueno
y no para lo malo, para darles
un futuro y una esperanza.

Jeremías 29:11

La mejor respuesta

Espera al Señor; él acudirá. Sé valiente, resuelto y animoso. Sí; espera, y él te ayudará.
Salmos 27:14, NBV

Cuando estás jugando a las escondidas, tienes que esperar hasta que alguien te encuentre. Quizá te has escondido muy bien, pero sabes que tras unos minutos probablemente te encontrarán.

A veces, tenemos que esperar respuestas de Dios. Sabemos que no se producen al instante. La Biblia dice que podemos creer que, cuando esperamos que Dios nos responda, Él siempre nos dará la mejor respuesta.

Gracias, Jesús, porque tú no te quedas callado para siempre. Tú me respondes cuando más te necesito. Ayúdame a ser paciente.

OCTUBRE 2

¡Paciencia!

Sin embargo, si esperamos recibir algo que todavía no vemos, tenemos que esperarlo con paciencia.
ROMANOS 8:25, TLA

Cuando te caes y te raspas las manos y las rodillas, o si alguna vez te has cortado con algo afilado, sabes que las heridas se curan. También sabes que no se curan enseguida. El cuerpo necesita un poco de tiempo para curarse.

Esperar la ayuda o la respuesta de Dios se parece un poco a esperar a que se cure una herida. Sabes seguro que se pondrá mejor y al final estará bien, pero tienes que esperar. Acuérdate de la bondad de Dios para ti hoy, y sé paciente mientras esperas.

Jesús, estoy muy agradecido de que me des esperanza y paz mientras espero en ti.

Soy valioso

Antes de formarte en el vientre, ya te había elegido; antes de que nacieras, ya te había apartado; te había nombrado profeta para las naciones.

JEREMÍAS 1:6, NVI

Es asombroso pensar que, antes de que nacieras, Dios ya te conocía. Nadie más te conocía antes de que nacieras, ni siquiera tus padres. Pero Dios sí, porque Él planeó tu vida desde su diminuto comienzo.

Tus padres están orgullosos de ti y te aman solo porque les perteneces. Imagínate cuánto más te ama Dios y lo orgulloso que está de ti porque le perteneces. Él tiene grandes cosas planeadas para tu vida.

Jesús, cuando me siento pequeño, ayúdame a saber en mi corazón que soy tuyo. Gracias porque me ayudarás a hacer cosas en mi vida que nunca pensé que serían posibles.

Música alegre

Allí estaré yo cuando sobrevengan las tribulaciones.
Él me esconderá en su santuario.
Él me pondrá sobre alta roca.
Entonces alzaré mi cabeza, sobre todos mis enemigos
que me rodean. Entonces le llevaré sacrificios
y con gran gozo entonaré sus alabanzas.
¡Escucha mis súplicas, SEÑOR!
Ten piedad y envíame el socorro que necesito.

SALMOS 27:5-7, NBV

¿Tocas algún instrumento, o te gustaría tocar alguno? ¿Qué tipo de música te gusta escuchar?

Dios nos dio la música como un regalo, y puede ayudarnos en tiempos difíciles. Cuando nos sentimos molestos, tristes o enojados, la música puede ayudar a llevar alegría a nuestro corazón. La próxima vez que sientas que podrías tener problemas por tu actitud, entrégasela a Dios y pon algo de música. Que su regalo de la música te ayude a encontrar gozo.

Jesús, cuando las cosas se ponen difíciles, ayúdame a escoger el gozo. Permite que el gozo que me das sea testigo y testimonio del amor que tú tienes por mí.

Sobre todo

Sobre todo, ámense los unos a los otros profundamente, porque el amor cubre multitud de pecados.

1 PEDRO 4:8, NVI

El amor es una de esas cosas que no podemos medir. O amamos o no amamos. No podemos escoger amar a los que nos rodean solo un poquito.

Amar es hacer lo que es mejor para otros. Esto no siempre es agradable, y puede resultar muy difícil, especialmente si alguien nos ha hecho algo desagradable. Al final, amar es lo mejor que podemos hacer. Cuando perdonas a alguien, le haces sentir mejor. Esto es justo lo que Jesús ha hecho por ti. Él te perdona porque quiere que sepas que eres amado, pase lo que pase.

Jesús, sigue enseñándome a amar con todo mi corazón. Ayúdame a amar a otros como tú amas.

El monstruo del dinero

No amen el dinero; conténtense con lo que tienen, porque Dios ha dicho: «Nunca te dejaré ni te abandonaré».

HEBREOS 13:5, DHH

Puedes conseguir dinero haciendo algunos trabajos en tu casa, o a veces por tu cumpleaños, o quizá un familiar te envía dinero en una tarjeta. ¿Qué haces con tu dinero cuando lo consigues? ¿Lo ahorras, o te gusta gastarlo?

Es genial tener dinero, pero la Biblia nos advierte que no lo amemos demasiado. Lo que suele suceder cuando las personas consiguen mucho dinero es que se vuelven egoístas. Eso significa que quieren más y más y más, y no les gusta compartirlo. El dinero hay que usarlo para bien y no para mal, y para recordar que Jesús siempre se asegurará de que tengamos lo que necesitamos.

Gracias, Jesús, porque me has dado una vida tan linda. Gracias porque tú eres verdaderamente todo lo que yo necesito.

Pide ayuda

Le pedí a Dios que me ayudara,
y su respuesta fue positiva:
¡me libró del miedo que tenía!
Los que a él acuden se llenan de alegría
y jamás pasan vergüenzas.

SALMOS 34:4-5, TLA

Está bien pedir ayuda. No podemos hacerlo todo nosotros solos, y Dios nunca quiso que estuviéramos solos. Necesitamos comida para estar sanos, ropa para estar abrigados, y un techo sobre nuestra cabeza que nos resguarde. Necesitamos amigos y familia que nos hagan felices.

Pedir ayuda, a Dios o a un amigo, es algo bueno. Nos da la oportunidad de aprender y crecer.

Jesús, gracias porque no siempre tengo que saberlo todo. Ayúdame a saber cuándo tengo necesidad y a aceptar la ayuda de otros.

Agradecido

Dios nunca cambia. Fue Dios quien creó todas las estrellas del cielo, y es quien nos da todo lo bueno y todo lo perfecto.

SANTIAGO 1:17, TLA

Cada año esperamos con ganas los días especiales como los cumpleaños porque quizá recibimos algo que queremos mucho. En días así, tal vez se nos olvida darnos cuenta de lo que ya tenemos.

Es bueno recordar ser agradecidos por todo. Cuando empezamos a pensar en todas las cosas por las que podemos estar agradecidos, nos damos cuenta de que Dios nos ha bendecido con muchas cosas. Vemos todas las maneras maravillosas en que Jesús nos provee y nos cuida.

Gracias, Señor, porque te encanta sorprenderme todos los días. Recuérdame que me has dado muchas cosas buenas. Ayúdame a tener un corazón agradecido.

Llevados

Alimentará su rebaño como un pastor;
llevará en sus brazos los corderos y
los mantendrá cerca de su corazón.
Isaías 40:11

Cuando un niño pequeño o un animalito bebé tiene miedo, siempre buscará a sus padres. Necesita estar cerca de ellos para sentirse seguro y protegido.

Jesús es nuestro Padre celestial. Cuando tenemos miedo y necesitamos ayuda, la Biblia dice que Él es como nuestro pastor. Nos deja acercarnos a Él para que podamos sentir que está cerca, y saber que somos amados y estamos protegidos.

Gracias, Jesús, porque tú eres mi pastor y quieres tenerme cerca de ti. Ayúdame a estar cerca de ti cada día.

Alaba siempre

¡Que todo lo que respira cante alabanzas al Señor!
¡Alabado sea el Señor!

Salmos 150:6

¿Has oído el canto de un pájaro, o has visto un árbol mover sus ramas con el viento como si estuviera bailando? Toda la creación de Dios tiene maneras de alabarlo, y todas parecen ser como una canción. Cuando las cosas vivas están felices o alegres, hacen ruido, danzan, comparten amor.

¿Qué puedes hacer tú para alabar a Dios? Puedes cantar, puedes bailar, puedes reír, puedes amar. Todo lo que vive alaba a Dios de alguna manera, así que encuentra una forma de alabarlo, ¡hoy!

Jesús, que siempre te alabe sin importar cómo vaya mi vida. Que nunca olvide recordarme a mí mismo lo bueno que eres.

El agrado del Señor

Porque el Señor se goza en su pueblo;
él corona al humilde con la salvación.
Salmos 149:4, NBV

Quizá tienes un precioso hermanito o hermanita bebé, o tal vez conoces a algún precioso bebé en la escuela o la iglesia. ¿No te entran ganas de mirarlo, de jugar con él y de darle un gran abrazo?

¡Eso es lo que Jesús siente por ti! A Él le encanta todo de ti; le encanta pasar tiempo contigo y suplir cada una de tus necesidades. Él irá hasta lo último de la tierra para protegerte. Él es tu Padre amoroso y fiel que se deleita en ti.

Dios, me sorprende que sientas ese gozo cuando me miras. Gracias porque soy tuyo.

OCTUBRE 12

Poderoso

Yo iré delante de ti,
derribaré las alturas,
romperé las puertas de bronce
y haré pedazos las barras de hierro.
Yo te entregaré tesoros escondidos,
riquezas guardadas en lugares secretos,
para que sepas que yo soy el Señor,
el Dios de Israel, que te llama por tu nombre.

ISAÍAS 45:2-3, DHH

Piensa en lo más poderoso que existe. Quizá estás pensando en una montaña gigante, en las olas que rompen, en un león rugiendo, o quizá incluso en la torre más alta del mundo. No hay muchas cosas que puedan resistir a cosas tan poderosas.

Dios es el único más poderoso que cualquier cosa que se te ocurra. Él puede derribar puertas y hacer pedazos el hierro. ¡Guau! ¿No es maravilloso saber que este Dios poderoso hace eso para poder darte tesoros y riquezas? Qué Dios tan poderoso tienes de tu lado.

Dios poderoso, gracias porque tus promesas me dan fortaleza y valor en cada situación.

Victoria sobre el pecado

Ustedes no han sufrido ninguna tentación que no sea común al género humano. Pero Dios es fiel, y no permitirá que ustedes sean tentados más allá de lo que puedan aguantar. Más bien, cuando llegue la tentación, él les dará también una salida a fin de que puedan resistir.

1 Corintios 10:13, NVI

¿Alguna vez has hecho algo malo y después te has preocupado porque nunca lo podrás hacer bien? Quizá incluso has pensado que eras el peor niño de tu familia o de tu clase. La verdad es que Dios ve todos los errores iguales. Tú no eres mejor ni peor que los demás, y Dios tan solo quiere ayudarte a que hagas las cosas bien.

Dios no te dejará que sigas pecando. Él te da la fuerza cada vez para que seas un poco mejor haciendo lo correcto. Tan solo tienes que pedirle que te ayude y Él lo hará.

Jesús, gracias porque me ayudas a hacer las cosas bien. Gracias por darme el valor para ver cada día como un día nuevo.

Preocupación malgastada

Así que no se preocupen diciendo: "¿Qué comeremos?" o "¿Qué beberemos?" o "¿Con qué nos vestiremos?" Los paganos andan tras todas estas cosas, pero el Padre celestial sabe que ustedes las necesitan. Más bien, busquen primeramente el reino de Dios y su justicia, y todas estas cosas les serán añadidas.

MATEO 6:31-33, NVI

Si te gustan los juegos de mesa, sabrás que hay un comienzo y un final en cada partida. Mientras juegas una partida, hay cosas que se interponen en tu camino para que no termines, como no responder bien una pregunta, o tener que esperar un turno.

¿Y si te pasaras toda la partida preocupándote de que algo salga mal? No disfrutarías mucho de ese juego. Dios dice que la vida es así. No puedes seguir preocupándote por lo que puede salir mal. Para disfrutar de la vida tienes que confiar en Dios y mirar a la línea de meta, ¡y un día llegarás a ese tesoro!

Jesús, ayúdame a mantener mis ojos y mi corazón centrados en ti y a no preocuparme por cosas que no puedo controlar.

Y después ¿qué?

Muéstrame la senda correcta, oh Señor;
señálame el camino que debo seguir.
Guíame con tu verdad y enséñame,
porque tú eres el Dios que me salva.
Todo el día pongo en ti mi esperanza.
Salmos 25:4-5

Habrá muchas decisiones que tomar mientras vayas creciendo. Algunas son pequeñas, como qué color de mochila elegir para ir a la escuela. Otras serán grandes, como a qué universidad irás, o en qué trabajarás.

Podemos ser sabios cuando tomamos las decisiones confiando en Dios. Dios es el mejor maestro y te mostrará los pasos correctos, de uno en uno. Él incluso dice que te señalará el camino, y porque va delante de ti, no tienes que preocuparte. ¡Así que disfruta siguiendo a Jesús!

Jesús, decido seguirte hoy, y cada día. Confío en que tú sabes dónde vamos y espero con entusiasmo lo que me traerá la vida.

Lee la Biblia

Todo lo que está escrito en la Biblia es el mensaje de Dios, y es útil para enseñar a la gente, para ayudarla y corregirla, y para mostrarle cómo debe vivir.

2 TIMOTEO 3:16, TLA

A veces, la Biblia parece aburrida. Pero eso es solo porque no la leemos lo suficiente. Es difícil leer la Biblia cuando tienes otros libros que leer, juegos a los que jugar, y amigos con los que salir.

La Biblia tiene muchas historias geniales. También tiene palabras de ánimo para hacerte sentir mejor cuando estés triste. Tiene buenas promesas sobre tu futuro. Te enseña a vivir una vida mejor. La Biblia es un buen libro, así que haz que sea un libro divertido adentrándote en él.

Dios, muchas gracias por darnos la Biblia. Gracias porque tengo una Biblia y porque puedo leerla. Ayúdame a encontrar verdad, esperanza y diversión en tu Palabra, y a leerla más.

OCTUBRE 17

Cansado

No nos cansemos de hacer el bien,
porque a su debido tiempo cosecharemos
si no nos damos por vencidos.

GÁLATAS 6:9, NVI

Cuando has corrido una carrera muy larga, por lo general terminas muy cansado. A veces quizá has dejado de caminar cuando sentías que ya no podías continuar más.

Seguir a Dios no siempre es fácil. De hecho, nos dice que el camino puede ser difícil. Pero vale la penar gastar cada gramo de energía viviendo para Él. Puede que otros se apresuren a decirnos que no vale la pena, pero Jesús dice que continuemos. Sé fuerte. Continúa. No te des por vencido.

Dios, cuando piense que quizá me tengo que dar por vencido, por favor, dame la fuerza para continuar.

OCTUBRE 18

Él te cuida

No permitirá que resbales y caigas;
jamás duerme el que te cuida.
SALMOS 121:3, NBV

¿Conoces la historia del Gigante Bueno? Es un gigante bueno que sopla sueños en los oídos de las personas cuando están durmiendo. Él es el único que está despierto cuando todos los demás duermen.

Por supuesto, es una historia inventada, pero ¿sabías que hay una historia verdadera sobre alguien que nunca duerme? La Biblia dice que Dios nunca duerme, lo cual significa que puede cuidarte durante cada momento del día, ¡y de la noche!

Jesús, gracias porque siempre puedo contar con tu presencia constante en mi vida. Gracias que puedo confiar completamente en ti.

Creado con un propósito

Ahora bien, sabemos que Dios dispone todas las cosas para el bien de quienes lo aman, los que han sido llamados de acuerdo con su propósito.

ROMANOS 8:28, NVI

¿Qué sueñas que harás de mayor? ¿Piensas en un trabajo que quieres tener? ¿Piensas en cuidar de tus propios hijos? Quizá piensas en lugares emocionantes que visitar.

Dios tiene un propósito para tu vida. Él quiere que hagas cosas que te gustan, y quiere que las hagas mientras lo amas y lo sigues a Él. Quizá no sepas aún cuál es tu propósito en la vida, pero lo encontrarás cuando decidas amar a Dios con todo tu corazón.

Jesús, cuando me sienta perdido, permíteme encontrar propósito sencillamente en amarte y servirte.

OCTUBRE 20

Libre para vivir

¡Jesucristo nos ha hecho libres! ¡Él nos ha hecho libres de verdad! Así que no abandonen esa libertad, ni vuelvan nunca a ser esclavos de la ley.

GÁLATAS 5:1, TLA

Imagínate que te han capturado y te han enviado a la cárcel. Te alegraría mucho que alguien encontrara una forma de rescatarte y sacarte de la cárcel. Correrías libre y nunca te acercarías otra vez a esa cárcel.

Jesús nos rescató de nuestro pecado y tenemos un nuevo comienzo porque Él nos ha perdonado. Cuando seguimos sintiéndonos culpables por nuestro pecado, es como volver a la cárcel y ponernos las cadenas otra vez en las manos y en los pies. Dios quiere que nos sintamos libres y bien con su perdón, ¡así que sigue siendo libre!

Jesús, gracias por darme una vida totalmente nueva en ti. Gracias por liberarme de la culpa y por darme una vida llena de gracia.

Di sí

Pues todas las promesas de Dios se cumplieron en Cristo con un resonante «¡sí!», y por medio de Cristo, nuestro «amén» (que significa «sí») se eleva a Dios para su gloria.

2 Corintios 1:20

Muchas veces escuchamos "no" en nuestra vida. No, no puedes salir con tus amigos. No, no puedes comer más pastel. No, no puedes llevarte tu juguete nuevo a la escuela. Es genial cuando escuchamos a veces un sí, ¿verdad?

Dios hizo muchas buenas promesas. Él dijo que somos perdonados. Dijo que somos parte de su familia. Dijo que tenemos vida eterna. Lo mejor es que hizo que todas esas promesas se cumplieran enviándonos a Jesús. Lo único que necesitas hacer es decir sí a Jesús, y todas las promesas de Dios serán una realidad en tu vida.

Dios, ahora mismo digo sí a tus promesas para mi vida. Digo sí a tu perdón, sí a ser parte de tu familia, ¡y sí a la vida eterna!

OCTUBRE 22

Copiar

Y no vivan ya como vive todo el mundo. Al contrario, cambien de manera de ser y de pensar. Así podrán saber qué es lo que Dios quiere, es decir, todo lo que es bueno, agradable y perfecto.

ROMANOS 12:2, TLA

Deja de copiarme. Deja de copiarme. En serio, ¡deja de copiarme! En serio, ¡deja de copiarme! Todos hemos jugado alguna vez a este juego. Puede ser divertido o molesto dependiendo del lado en el que estés.

Dios quiere que lo copiemos a Él. Él no se molesta cuando lo seguimos de cerca porque sabe que lo mejor para nosotros es copiar lo que Él hace.

Gracias, Padre, porque eres bueno, amoroso y justo. Ayúdame a copiarte cada día.

El cuerpo

Pues, así como cada uno de nosotros tiene un solo cuerpo con muchos miembros, y no todos estos miembros desempeñan la misma función, también nosotros, siendo muchos, formamos un solo cuerpo en Cristo, y cada miembro está unido a todos los demás.

ROMANOS 12:4-5, NVI

¿Puedes escuchar los sonidos con los ojos? ¿Puedes hablar con las orejas? ¿Puedes caminar con la nariz? ¡No! Tu cuerpo está compuesto de distintas partes, y cada parte del cuerpo hace algo especial para ayudarte a moverte, a que crezcas y que vivas.

Jesús dice que la familia de Dios es como un cuerpo. Todos somos partes distintas, y Él no quiere que seamos exactamente como los demás. La mejor manera de hacer que funcione la familia de Dios es que seas tú mismo. Todos los demás necesitan que hagas la parte especial que te corresponde.

Padre, gracias por haberme hecho distinto a todos los demás. Ayúdame a recordar cuán importante es ¡que aprenda a ser yo mismo!

OCTUBRE 24

El peso de la preocupación

La preocupación agobia a la persona;
una palabra de aliento la anima.
PROVERBIOS 12:25

A menudo nos encontramos pensando demasiado en las cosas equivocadas. Empezamos a preocuparnos por nuestro aspecto, o por jugar a un nuevo deporte. Nos preguntamos si seremos lo suficientemente buenos para el musical de la escuela, o pensamos demasiado en ser popular en la clase. Este tipo de pensamientos puede hacernos sentir nerviosos.

¿No es maravilloso cuando tus padres o algún buen amigo te dice que todo va a salir bien? Quizá te hacen reír o te dicen que no tienes que preocuparte. Las buenas palabras son buenas para todos, ¡y hay que compartirlas!

Dios, cuando empiece a estar nervioso, te pido que me traigas a un amigo que me diga la verdad. Ayúdame también a ser un amigo que anima, que lleva paz a los que están a mi alrededor.

Nuevas cada mañana

¡El fiel amor del Señor nunca se acaba!
Sus misericordias jamás terminan.
Grande es su fidelidad;
sus misericordias son nuevas cada mañana.
Lamentaciones 3:22-23

¿Qué es lo primero que piensas cuando te despiertas en la mañana? ¿Piensas en quién más estará despierto? ¿Piensas en dónde están tu mamá y tu papá? ¿Empiezas a pensar en lo que vas a desayunar?

¿Sabías que Dios te deja empezar de nuevo cada día? Si ayer tuviste un mal día, o hiciste algo mal, Dios dice que está ahí para perdonarte y no tienes que preocuparte por ello cuando despiertes. Intenta recordar que, cuando te despiertas cada día, ¡Dios te ha dado un nuevo comienzo!

Padre, gracias por un nuevo día y un nuevo comienzo. ¡Te amo!

Bueno y perfecto

Todo lo que es bueno y perfecto es un regalo que desciende a nosotros de parte de Dios nuestro Padre, quien creó todas las luces de los cielos. Él nunca cambia ni varía como una sombra en movimiento.

SANTIAGO 1:17

Dedica unos minutos ahora a pensar en todas las cosas buenas y bonitas de tu vida. Esto quizá te resulte fácil, pero quizá no. Tal vez tuviste un mal día y no ves nada bueno ni perfecto en este momento. ¡Piensa otra vez!

Flores bonitas, la silueta de la luna, amar y ser amado, estos son regalos de Dios. Tu Padre es un buen padre, y da buenas cosas. Él promete ser siempre bueno contigo.

Señor, cada día envías regalos, recordándome que eres bueno y que yo soy tuyo.
Gracias por amarme.

Verdaderamente asombroso

Los cielos cuentan la gloria de Dios, el firmamento proclama la obra de sus manos. Un día se lo dice a otro día; una noche a otra hace que lo conozcan.

SALMOS 19:1-2, NBV

Estamos rodeados de una asombrosa belleza, tanta que podemos llegar a acostumbrarnos a ella. ¿Cuándo fue la última vez que te detuviste a ver lo realmente creativo que es Dios?

Estudia una flor. Lee sobre el ojo humano. Observa la salida o la puesta del sol. Escribe tus sueños. Pasa tiempo tan solo sorprendiéndote de lo asombroso que es el Creador.

Dios, eres verdaderamente asombroso. Cada vez que miro el cielo, veo algo nuevo. Qué bonito es este mundo que has creado. Tengo la bendición de vivir en él.

OCTUBRE 28

Ninguna oscuridad

Este es el mensaje que hemos oído de él
y que les anunciamos: Dios es luz
y en él no hay ninguna oscuridad.
1 JUAN 1:5, NVI

En la oscuridad total, buscamos tener luz. Buscamos un interruptor, abrir las cortinas, o intentar encontrar una linterna. En cuanto aparece la luz, podemos ver. Podemos encontrar nuestro camino.

Esto mismo ocurre en nuestro corazón. Dios es pura luz, y con Él, podemos vencer cualquier oscuridad que enfrentemos. Ningún error, mala palabra, mala acción o temor puede impedir su luz y su amor.

Padre, tú eres todo bondad, todo pureza, todo luz. Gracias por ayudarme cuando las cosas se ponen oscuras, y por mostrarme tu amor.

Enfrenta el mal con el bien

Así que sométanse a Dios.
Resistan al diablo, y él huirá de ustedes.
SANTIAGO 4:7, NVI

En las películas, los malos no se rinden sin pelear. Intentan luchar contra el bien hasta que no pueden seguir luchando. Por fortuna, los buenos siempre parecen un poco más inteligentes y un poco más fuertes. Los buenos ganan al final, pero tienen que luchar para ganar.

Quizá te has dado cuenta de que hacer lo correcto puede ser como tener una pelea contra el mal. Realmente es difícil cuando quieres enojarte, gritar, o montar una pataleta. Tienes que luchar contra esos sentimientos y dejar que la bondad de Dios gane. La Biblia promete que, cuando escoges el bien, ¡el mal huirá de ti!

Señor, dame fuerza para hacer lo correcto y ayúdame a poner a correr al enemigo.

OCTUBRE 30

Hace mucho tiempo

Fuera de ti, desde tiempos antiguos
nadie ha escuchado ni percibido,
ni ojo alguno ha visto, a un Dios que, como tú,
actúe en favor de quienes en él confían.
ISAÍAS 64:4, NVI

Dios ha estado a tu alrededor desde hace mucho tiempo. Piensa en cientos de años atrás, piensa en miles de años atrás. ¿Cómo era la vida entonces? No lo sabemos exactamente, pero sabemos que Dios también estaba alrededor de esas personas.

Desde el comienzo de la creación, Dios ha sido el único Dios verdadero. Algunas personas han intentado decir que no lo es, pero Él ha demostrado ser el verdadero durante miles de años. Puedes confiar en que nuestro Dios es el único Dios verdadero.

Señor, gracias por demostrar quién eres a tantas personas desde hace tanto tiempo atrás, y porque nosotros aún creemos que eres el único Dios verdadero hoy.

Canta alabanzas

Canten alabanzas a Dios, canten alabanzas;
¡canten alabanzas a nuestro Rey,
canten alabanzas! Pues Dios es el Rey
de toda la tierra. Alábenlo con un salmo.
SALMOS 47:6-7

Quizá no tienes la voz de un ángel, pero puedes cantar sin importar lo bien o mal que suene. Dios te creó con una voz y con labios que pueden alabarlo por todas las cosas buenas que Él ha hecho. Dios se llenará de gozo con tu canto de alabanza a Él; ¡es lo más bonito que Él puede oír!

Canta alabanzas a Dios. Canta, porque Él es bueno. Canta, porque entiendes su gracia. Canta, ¡porque Él es digno!

Dios, tú eres el rey de toda la tierra. Tú has sido bueno conmigo. ¡Ayúdame a cantar y hablar de tu bondad!

NOVIEMBRE

Ya que todo lo que Dios creó es bueno, no deberíamos rechazar nada, sino recibirlo con gratitud.

1 Timoteo 4:4

Arraigado hondo

*Arráiguense profundamente en él
y edifiquen toda la vida sobre él. Entonces la fe
de ustedes se fortalecerá en la verdad que se les
enseñó, y rebosarán de gratitud.*

COLOSENSES 2:7

Un árbol grande para poder escalarlo no aparece de la noche a la mañana. Cualquier árbol grande tarda años en crecer lo suficiente como para que alguien se cuelgue de sus ramas. Incluso los árboles más grandes no pueden resistir los fuertes vientos si no están profundamente arraigados en buena tierra.

Dios es el buen terreno que necesitamos para plantar bien profundo nuestras raíces. Él nos dará sabiduría mientras nosotros pasemos tiempo arraigándonos hondo en su Palabra.

Señor, ayúdame a encontrar tu bondad y amor en tu Palabra. Permíteme vivir cada día sabiendo y hablando tu verdad para poder estar fuerte para ti.

Cada día

Por eso, de la manera que recibieron a Cristo Jesús como Señor, vivan ahora en él.

COLOSENSES 2:6, NVI

¿Recuerdas tu primer día en la escuela? Probablemente estabas nervioso y emocionado, inseguro de lo que te esperaba. Tu primer día fue importante, pero no habrías aprendido nada de la escuela si hubieras ido un solo día y no hubieras regresado.

Ocurre lo mismo con nuestra relación con Jesús. El día que aceptaste a Jesús en tu vida fue una decisión muy importante, pero más importante aún que tu decisión es que sigas amando a Jesús cada día de tu vida.

Señor Jesús, estoy muy agradecido de pertenecerte. Ayúdame a tenerte en mi mente y en mi corazón cada día.

Satisfecho

¡Pues tu amor vale más que la vida!
Con mis labios te alabaré; toda mi vida te bendeciré,
y a ti levantaré mis manos en oración. Quedaré muy
satisfecho, como el que disfruta de un banquete
delicioso, y mis labios te alabarán con alegría.

SALMOS 63:3-5, DHH

¿Qué podría ser mejor que pasar un día en un parque de diversiones, comiendo todos los dulces que quieras y riéndote con tus amigos?

El escritor de estos versículos de la Biblia pensó que el amor de Jesús era mejor que cualquier cosa que hubiera experimentado en la vida. ¿Crees que podrías estar de acuerdo con eso? Dios es muy bueno, y tiene cosas maravillosas planeadas para tu vida. Toma un tiempo hoy para darle gracias por la maravillosa vida que tiene para ti.

Señor, tu amor es mejor que lo que las cosas de esta vida me pueden dar. Permíteme recordar esto cada día.

Perseguido por la gracia

Ciertamente tu bondad y tu amor inagotable me seguirán todos los días de mi vida, y en la casa del SEÑOR viviré por siempre.

SALMOS 23:6

Dejamos huellas cuando caminamos por la arena o el barro. ¿Alguna vez has llenado la casa de barro y has hecho que tus padres se enojen por ensuciarla?

Dios quiere que camines en la dirección correcta. Él no quiere que camines por donde hay pecado. Eso sería como caminar por el barro. Mientras más sepas acerca de Dios, más entenderás cómo ser amoroso y bueno como Él lo es. Las únicas huellas que dejarás entonces serán las que siguen a Jesús, ¡hasta su misma casa!

Padre celestial, ayúdame a seguirte mientras caminas a mi lado con bondad y gracia. Guíame para que viva en tu casa para siempre.

Plantar semillas

Pues es Dios quien provee la semilla al agricultor y luego el pan para comer. De la misma manera, él proveerá y aumentará los recursos de ustedes y luego producirá una gran cosecha de generosidad en ustedes.

2 CORINTIOS 9:10

Un agricultor siembra semillas, y las semillas caen en la tierra y de ahí crecen las plantas. Nosotros usamos las plantas para alimentarnos. Es solo una diminuta semilla lo que se planta, ¡pero una diminuta semilla se convertirá en algo grande!

La Biblia a veces compara nuestra vida con una semilla. Las cosas en nuestra vida que hacemos para Dios es como plantar una semilla. Si ayudas a un niño más pequeño con su lectura, o le das un poco de dinero a alguien necesitado, habrá algo mayor que sale de ese pequeño acto de amor. Así que da amor, y verás lo que Dios hace crecer.

Padre, gracias por darme amor paran que pueda usar tu amor para hacer cosas pequeñas pero maravillosas para ti.

NOVIEMBRE 6

Muy contento

Porque el Señor tu Dios está en medio de ti
como guerrero victorioso.
Se deleitará en ti con gozo,
te renovará con su amor,
se alegrará por ti con cantos.

Sofonías 3:17, NVI

Los padres están muy orgullosos de sus hijos. No importa el talento que tengas, tus padres siempre estarán orgullosos de muchas cosas que haces porque les encanta cómo eres. Ellos ven un corazón lindo y un asombroso potencial.

Nuestro Padre celestial se siente así contigo, pero mucho más. Él siempre está cerca de ti, te protege, está orgulloso y te ama. ¿Te lo imaginas hoy, tan contento de estar cerca de ti que canta y se deleita por ti?

Padre, a veces se me olvida que me amas a mí, y no lo que hago. Tú ves mi corazón, ¡y te alegras en mí!

Demasiado bueno para poder expresarlo

Oh Señor mi Dios, has realizado muchas maravillas a nuestro favor. Son tantos tus planes para nosotros que resulta imposible enumerarlos. No hay nadie como tú. Si tratara de mencionar todas tus obras maravillosas, no terminaría jamás.

Salmos 40:5

¿Cuánto tiempo crees que tomaría hablar de todas las cosas buenas que Dios ha hecho en tu vida? ¿Y qué ocurriría si añadieras todas las cosas buenas que Dios ha hecho en las vidas de toda tu familia? Ahora, ¿qué ocurriría si tuvieras que contar todas las cosas buenas que Dios ha hecho por todo el mundo, desde que comenzó?

La Biblia dice que serían demasiadas cosas para poder contarlas. ¡Dios es así de bueno!

Señor Dios, tu eres demasiado grande para explicarte con palabras, y simplemente quiero decir que eres maravilloso.

Exactamente igual

El Hijo es el resplandor de la gloria de Dios, la fiel imagen de lo que él es, y el que sostiene todas las cosas con su palabra poderosa. Después de llevar a cabo la purificación de los pecados, se sentó a la derecha de la Majestad en las alturas.

HEBREOS 1:3, NVI

Jesús fue un hombre especial. ¿Sabías que la Biblia dice que Jesús estaba con Dios en el cielo antes de venir a la tierra? Jesús fue enviado como un ser humano para que todos pudieran experimentar cómo era Dios. La Biblia dice que Jesús nos mostró a Dios.

Cuando leas acerca de lo que Jesús hizo y dijo, recuerda que Él nos estaba mostrando cómo era Dios. Por lo tanto, cuando Jesús les dijo a los niños que se acercaran a Él para poder bendecirlos, nos estaba enseñando que a Dios le importan mucho los niños.

Jesús, gracias por venir a la tierra y mostrarnos quién es Dios realmente.

Alabanza continua

¡Alabado sea el nombre del Señor
del oriente al occidente!
SALMOS 113:3, DHH

¿Te levantas lo bastante temprano para ver el amanecer? ¿Aún estás despierto cuando se pone el sol? Probablemente estás despierto todo el día, ¿verdad?

La Biblia dice que alabemos a Dios desde el amanecer hasta el anochecer, desde el oriente al occidente. Eso significa que tenemos que encontrar razones en todo nuestro día para pensar en cuán maravilloso es Dios. No debería costarnos mucho. Mira una flor o un árbol fuerte. Piensa en cómo tu amigo te hizo reír. Disfruta de tu almuerzo. Hay muchas razones para darle gracias a Dios.

Señor, te alabo por tu amor por mí. Te pido que me ayudes a ser alguien que te dé las gracias todos los días.

El buen padre

«Y yo seré su Padre, y ustedes serán mis hijos e hijas, dice el Señor Todopoderoso»

2 Corintios 6:18

Dios existe desde hace tanto tiempo, que puede que pensemos que es un anciano, como un tierno Abuelito. Dios es bueno, pero tenemos que recordar que no es una persona común y corriente. Él es el rey del universo y el padre de toda su creación.

Dios es más como un buen padre. Él es fuerte, protector, y te ama por encima de todo. Él es el Padre celestial, y eso significa que está en control de todo. ¿Confiarás en Él para que cuide de ti hoy?

Gracias, Dios, porque eres un buen padre, y porque me amas porque soy tu hijo.

Amar bien

Pero el SEÑOR aún espera que acudan a él para poder demostrarles su amor. Él los conquistará para bendecirlos, tal como lo ha dicho, porque el SEÑOR es fiel a su promesa. Bienaventurados son cuantos esperan confiados en la ayuda del SEÑOR.

ISAÍAS 30:18, NBV

Todos nos enojamos a veces. Gritamos, empujamos, decimos cosas desagradables. Por lo general, cuando eso sucede nos metemos en problemas, y es porque los adultos quieren que crezcas hasta convertirte en una persona que trata a la gente con bondad.

Dios tampoco quiere que seamos malos, pero su primera respuesta a tu enojo no es el enojo. Él quiere mostrarte amor incluso cuando no lo has hecho bien. Cuando sientes su amor, eso te ayuda a ser más amable y justo con otros.

Jesús, gracias porque me tratas con amor y no con enojo. Ayúdame a ser una persona más amable y justa debido a tu amor.

Entiende a Jesús

Nosotros no hemos recibido el espíritu del mundo, sino el Espíritu que procede de Dios, para que entendamos lo que por su gracia él nos ha concedido.

1 Corintios 2:12, nvi

Nosotros no vivíamos en los días en que Jesús vino a la tierra. Sabemos sobre Él porque había personas con Él que escribieron las cosas que hizo y dijo. Por eso la Biblia es tan importante; nos habla mucho sobre Jesús.

Cuando Jesús se fue para regresar al cielo, envió su Espíritu. Este es un Espíritu que nos habla a todos hoy, para que podamos saber todo sobre Jesús y su camino. Lee la Biblia hoy y pídele al Espíritu de Dios que te hable para que aprendas más sobre Jesús.

Padre celestial, gracias porque a través de tu Espíritu puedo entender y aceptar todos tus buenos regalos.

NOVIEMBRE 13

Bondad en la espera

El Señor es maravillosamente bueno con aquellos quienes en él confían, con aquellos que buscan seguir sus instrucciones. Es bueno esperar en confiado silencio la salvación del Señor.

Lamentaciones 3:25-26, nbv

¿Alguna vez te han dejado el último al escoger para formar los equipos, o te has quedado el último en la fila para servirte la comida? Puede ser difícil ser paciente cuando ves que todos los demás consiguen lo que tú quieres.

Ver que tienes que esperar es ya difícil sin además tener que ver cómo todos los demás se te adelantan. Pero Dios promete bondad a los que se quedan esperando. Si decides pensar en cosas buenas mientras esperas, Dios te mostrará cosas maravillosas.

Ayúdame, Dios, a ver la espera como una buena oportunidad para conocer tu bondad. Enséñame a esperarte calladamente y con esperanza.

Ver la luz

Pues tú eres la fuente de vida,
la luz con la que vemos.
SALMOS 36:9

¿Cómo le explicarías lo que es el color a una persona ciega? ¿Qué es azul, y qué le hace distinto al rojo, púrpura o verde? Para entender el color rosa, tienes que haberlo visto.

Sucede lo mismo con la bondad, el amor y la luz. Para entenderlo, tenemos que haberlo visto. Para conocerlo, debemos conocer al Padre. Él es la única fuente verdadera de toda luz, de todo lo que es bueno.

¡Dios, quiero vivir en la luz! Ayúdame a entenderte viendo tu amor y tu luz a mi alrededor.

El mejor día de mi vida

Un solo día en tus atrios
¡es mejor que mil en cualquier otro lugar!
Prefiero ser un portero en la casa de mi Dios
que vivir la buena vida en la casa de los perversos.
SALMOS 84:10

¿Te acuerdas del día más increíble que hayas vivido jamás? Quizá fue en un tiempo de vacaciones, o cuando metiste un gol en un partido. Tal vez fue en tu cumpleaños.

La Biblia dice que solo un día en la casa de Dios es como el mejor día de tu vida. Es mejor para ti tener ese día que mil días aburridos. Dios es tan maravilloso que, mientras más lo conoces, más quieres estar con Él.

Señor, quiero pasar tiempo contigo. Ayúdame a conocerte tan bien, que un día contigo sea el mejor día de mi vida.

Como tenía que ser

Cuentas con una esperanza futura,
la cual no será destruida.
PROVERBIOS 23:18, NVI

Dios te creó, y lo hizo de forma maravillosa y con esmero, y sabía exactamente lo que estaba haciendo y por qué. Incluso los deseos de tu corazón están ahí por una razón: Dios te dio cosas que te encantaría hacer y que se te daría bien hacer.

La próxima vez que te preguntes si eres lo suficientemente bueno, recuerda estas palabras. Mira las cosas que te gusta hacer, las cosas que se te dan bien. Dios tiene un futuro maravilloso para ti, y esas cosas buenas son parte de su plan para ti.

Señor, gracias por recordarme que he sido creado exactamente como tenía que ser. Dirígeme a las cosas buenas que tú quieres que haga.

Talentos enterrados

Porque a todo el que tiene, se le dará más, y tendrá en abundancia. Al que no tiene se le quitará hasta lo que tiene.

MATEO 25:29, NVI

¿Qué harías si te dieran un baúl lleno de tesoros preciosos? ¿Usarías las monedas de oro para comprar cosas para ti y para los demás? ¿Te pondrías las joyas o la corona? ¿O lo enterrarías en el suelo para que nadie más pudiera volver a verlo?

Dios te dio un tesoro. Se llama tus talentos: las cosas que se te da bien hacer. Dios quiere que uses esos talentos. Si no lo haces, es tan necio como enterrar un gran tesoro en el suelo. Nadie puede usar las cosas que se entierran. ¡Sigue haciendo esas cosas en las que eres bueno!

Jesús, muchas gracias por el tesoro que me has dado, los talentos con los que me has creado. Ayúdame a usar mis talentos.

NOVIEMBRE 18

Belleza limitada

He recibido de Dios revelaciones tan maravillosas. Así que, para impedir que me volviera orgulloso, se me dio una espina en mi carne, un mensajero de Satanás para atormentarme e impedir que me volviera orgulloso.

2 Corintios 12:7

¿Conoces la historia del patito feo? Cuando era pequeño, no pensaba que se parecía mucho a todos los bonitos cisnes de su estanque. Entonces, un día, después de muchos años, vio su reflejo en el agua y se dio cuenta de que también se había convertido en un lindo cisne.

A veces, es mejor cuando no somos orgullosos. Si fuéramos exactamente como quisiéramos ser, podríamos comenzar a presumir de nosotros mismos y no ser personas amables. Dios va a hacer que seas hermoso y fuerte, pero vendrá de tu interior.

Gracias, Dios, por no darme todo lo quiero de una vez. Gracias por depositar bondad en mi corazón.

Escucha

Pero la parte que cayó en buen terreno son los que oyen la palabra con corazón noble y bueno, y la retienen; y, como perseveran, producen una buena cosecha.

LUCAS 8:15, NVI

Cuando plantas una semilla, la entierras bien en el suelo. Una semilla no crecerá si se pone sobre una piedra porque no tiene un lugar en el que enterrar sus raíces.

A veces oímos cosas de Dios, pero no escuchamos realmente. Eso es como ser una semilla que se pone encima de una piedra. Lo que oímos se nos puede olvidar y no dejamos que nuestra vida cambie. Cuando oímos las palabras de Dios, tenemos que recordarlas. Escríbelas, memorízalas. De esa forma, podrás entender más acerca de Dios.

Señor, gracias porque tú me hablas. Gracias por tus palabras en la Biblia. Ayúdame a recordar tus palabras para que pueda entender más sobre ti.

NOVIEMBRE 20

Un millón más uno

¡Alabado sea el Señor!
¡Den gracias al Señor, porque él es bueno!
Su fiel amor perdura para siempre.
Salmos 106:1

¿Alguna vez has dicho "Te perdono" tantas veces que te has cansado de ello? Quizá tu hermano o tu hermana te ha molestado y después ha dicho que lo siente. Le perdonas, pero si sigue haciéndolo y no quieres perdonarle más. ¡Es frustrante!

Por fortuna, nuestro Dios no siente lo mismo que nosotros acerca del perdón. Su amor por ti es tan grande, que te perdonará cada vez que le pidas perdón. ¡Aunque lo hagas millones de veces!

Señor, estoy muy agradecido porque me perdonas cada vez que te lo pido. Gracias por tu misericordia.

Es una delicia

Pero haz que griten de alegría
los que desean mi bien.
Permíteles que siempre digan:
«¡Dios es muy grande!
¡Busca el bien de quien le sirve!».
SALMOS 35:27, TLA

¿Gritas mucho? Por lo general, no nos dejan gritar cuando estamos en una clase o en una biblioteca, ¡y probablemente en casa tampoco!

Sin embargo, hay una razón y un tiempo para gritar. Dios quiere que gritemos de alegría cuando pensemos en lo maravilloso que Él es con nosotros. Podemos hacer eso en la iglesia mientras estamos cantando, o afuera, mientras disfrutamos de la belleza de Dios. Hay muchos lugares en los que está bien gritar; así que, ¡grita hoy de alegría!

Dios, muchas gracias por las cosas hermosas en mi vida.
¡Me haces feliz!

NOVIEMBRE 22

Fortaleza

Nuestro Dios es bondadoso y
cuida de los que en él confían.
En momentos de angustia,
él nos brinda protección.

NAHÚM 1:7, TLA

Dios no solo está con nosotros en los buenos momentos. Incluso en los días malos, Dios conoce a los que confían en Él, y Él es un lugar seguro para ellos.

No solo cuando todo va mal, sino también en los momentos en que cometemos errores, Dios quiere ser nuestra fuerza y ayudarnos a descubrir cómo hacer bien las cosas. Podemos confiar en Él y saber que Él es siempre bueno.

Gracias, Señor, porque tú eres una fuente de fortaleza para mí incluso cuando soy débil.

Amor en la creación

«Digno eres, Señor y Dios nuestro,
de recibir la gloria, la honra y el poder,
porque tú creaste todas las cosas;
por tu voluntad existen
y fueron creadas».

APOCALIPSIS 4:11, NVI

¿Alguna vez has pensado en cuántas cosas ha creado Dios? Piensa en todos los animales que puedas, y después piensa en todas las criaturas marinas. Ahora piensa en todos los tipos distintos de flores, árboles, países, estrellas y planetas.

¡Vaya! ¡Dios ha creado muchas cosas! Lo mejor es que también te creó a ti, y creó a los demás. Y como Dios es amor, pone amor en medio de toda su creación. ¡Y le alabamos por ello!

Dios, ayúdame a alabarte por todo lo que has creado, incluyéndome a mí ¡y a las demás personas que están en mi vida!

El Padre es quien más sabe

Y estamos seguros de que él nos oye cada vez que le pedimos algo que le agrada; y como sabemos que él nos oye cuando le hacemos nuestras peticiones, también sabemos que nos dará lo que le pedimos.

1 Juan 5:14-15, NTV

Cuando oramos, al Dios que nos escucha le importa mucho lo que le decimos. Cuando sabes que Dios quiere escucharte, entonces puedes tener el valor suficiente para pedirle cosas.

Dios es un Padre bueno, y si le pedimos cosas que Él sabe que serán buenas para nosotros, ¡nos dirá que sí! Pídele lo que quieras o necesites, y confía en que te dará la mejor respuesta.

Gracias, Dios, porque respondes a mis oraciones. Ayúdame a confiar en que tú sabes exactamente lo que es mejor para mí.

Bondad atesorada

Cuán grande es tu bondad,
que atesoras para los que te temen,
y que a la vista de la gente derramas
sobre los que en ti se refugian.
SALMOS 31:19, NVI

¡Dios está atesorando bondad! ¿Qué es exactamente esa bondad? ¿Es seguridad? ¿Es paz? ¿Es un corazón tranquilo cuando la vida es una locura? ¿Es alegría incluso cuando tu mejor amigo se ha enojado contigo? Sí, parece que su bondad podría ser todo eso y más.

Hay mucha bondad que Dios realmente tiene para almacenar, para no agobiarnos al darnos toda a la vez. La bondad es para los que conocen a Dios. Dios te recompensará más de lo que podrías soñar por amarlo así.

Ayúdame, Jesús, a confiar en tu bondad. Gracias porque tú estás atesorando mucho bien para tu pueblo.

Agua de vida

Pero el que beba del agua que yo le daré no volverá a tener sed jamás, sino que dentro de él esa agua se convertirá en un manantial del que brotará vida eterna.

JUAN 4:14, NVI

¿No sería increíble no tener que sentir hambre o sed nunca más? No tendríamos que esperar media hora antes de nadar ni nos dolería la cabeza porque se nos olvidó beber agua.

Cuando pensamos en querer o necesitar cosas como seguridad, amor y consuelo, Jesús dijo que nunca dejará de darnos esas cosas. Él dice que siempre estará ahí para nosotros, como una gran botella de agua que nunca se acaba.

Jesús, gracias porque las cosas importantes de la vida nunca se acaban. Tú me das más que suficiente de las cosas que realmente necesito.

Amor difícil

En esto conocemos lo que es el amor: en que Jesucristo entregó su vida por nosotros. Así también nosotros debemos entregar la vida por nuestros hermanos.

1 JUAN 3:16, NVI

Fue una experiencia difícil para Jesús tener que morir en la cruz. Le dolió y le hizo sentirse rechazado por todos. Sufrió ese dolor porque nos ama y sabía que darnos vida eterna iba a ser lo mejor para nosotros.

Fue muy difícil hacer lo que hizo Jesús, pero gracias a Dios que solo tuvo que hacerlo una vez. Nosotros no tenemos que morir en una cruz, pero tenemos que amar mucho a la gente, igual que hace Jesús.

Gracias, Jesús, por pasar por algo tan difícil, todo porque me amas. Ayúdame a amar a otros del mismo modo.

Cien por ciento

Confía en el Señor con todo tu corazón;
no dependas de tu propio entendimiento.
Busca su voluntad en todo lo que hagas,
y él te mostrará cuál camino tomar.

Proverbios 3:5-6

¿Cómo sabes que el mundo es redondo? ¿Cómo sabes que hay planetas en el cielo? Tenemos que confiar en que los científicos que dicen estas cosas nos están diciendo la verdad y que saben muchos datos sobre el universo en el que vivimos.

Tenemos que confiar en Dios del mismo modo. Dios es incluso mayor que el científico más inteligente del mundo. Él lo sabe todo. Cuando Dios dice que algo es cierto, o cuando da a su pueblo una promesa, ¡puedes creerlo al cien por ciento!

Padre celestial, gracias porque tú lo sabes absolutamente todo. Ayúdame a confiar en tus caminos.

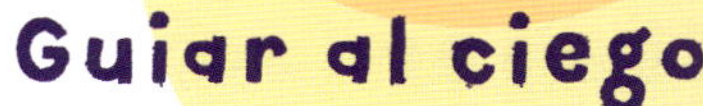

Guiar al ciego

Guiaré al ciego Israel por una senda nueva,
llevándolo por un camino desconocido.
Iluminaré las tinieblas a su paso
y allanaré el camino delante de ellos.
Ciertamente yo haré estas cosas;
no los abandonaré.

ISAÍAS 42:16

Un perro guía es uno de los perros más bonitos, ¿no crees? Por lo general, es un cachorro negro o dorado con una chaqueta roja sobre su espalda. Estos perros pueden entrar en tiendas, escuelas, e incluso en aviones porque están aprendiendo a guiar a personas ciegas y asegurarse de que no se meten en peligros.

Dios nos guía de ese modo. Él se asegura de que no nos metamos en problemas, y que sepamos por qué camino ir. Él puede ver cosas que nosotros no vemos.

Gracias, Dios, por tu promesa de guiarme.

NOVIEMBRE 30

¡Es verdad!

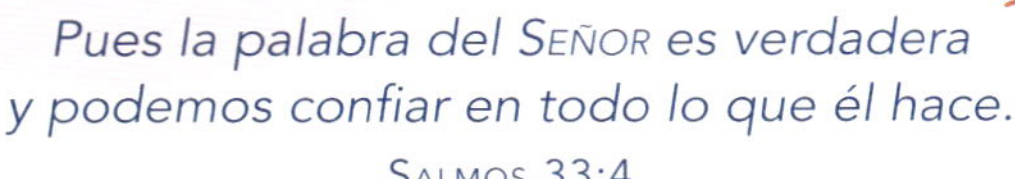

Pues la palabra del Señor es verdadera
y podemos confiar en todo lo que él hace.

Salmos 33:4

¿Alguna vez has contado alguna historia y otras personas te han dicho que no creen que lo que estás contando sea verdad? Puede ser frustrante intentar convencer a la gente de que estás diciendo la verdad. Si no estaban ahí, o no conocen mucho sobre esa historia, puede ser una discusión difícil de ganar.

Quizá Dios se siente así a veces. Puede que no siempre nos creamos sus promesas. Quiere que sepamos más sobre Él para que sepamos de cierto que sus palabras son las palabras más veraces que escucharemos jamás.

Dios, lo siento cuando no he llegado a creer tus promesas. Ayúdame a confiar siempre en tus palabras.

DICIEMBRE

Se hablará del esplendor de tu gloria y majestad,
y yo meditaré en tus obras maravillosas.
Se hablará del poder de tus portentos,
y yo anunciaré la grandeza de tus obras.
Se proclamará la memoria de tu inmensa bondad,
y se cantará con júbilo tu victoria.

Salmos 145:5-7, NVI

DICIEMBRE 1

Las rocas no cambian

Confíen en el Señor para siempre,
porque el Señor es una Roca eterna.
COLOSENSES 2:7

Cuando las personas hablan sobre la persona en la que más confían, quizá describen a esa persona diciendo que es su roca.

Una roca metida en una caja durante muchos años será exactamente igual el día que se vuelva a abrir la caja. Las rocas no cambian. Lo mismo ocurre con Dios. Él no cambia. Puedes estar seguro de que Él siempre estará ahí.

Dios, tú eres mi roca. Confío en ti con todo mi corazón porque sé que nunca retirarás tus promesas.

Propósito cumplido

El Señor cumplirá sus planes para mi vida.
Porque tu gran amor, Señor; es para siempre.
No me abandones, pues tú me hiciste.
Salmos 138:8, NBV

Cuando estás tan cansado que no te puedes ni vestir, o ponerte los zapatos, o cuando no sabes qué agarrar para el almuerzo, tienes unos padres que te ayudarán. No puedes manejar tú mismo a la escuela, pero tus padres sí te pueden llevar. No puedes ir tú solo al doctor, pero sí con tus padres. Tus padres te ayudan mucho en la vida.

Dios también te ayuda. Él te dio padres y otros adultos amables para cuidarte. Él tiene un futuro bueno para ti, e incluso cuando no puedas o no sepas cómo hacer grandes cosas en la vida, Dios las hará contigo.

Dios, gracias por darme personas que me ayudan. Gracias porque tú también me ayudas a encontrar mi propósito.

DICIEMBRE 3

Sin más razón

Honren al SEÑOR *por la gloria de su nombre;*
adoren al SEÑOR *en la magnificencia de su santidad.*

SALMOS 29:2

¿No es bonito cuando alguien te hace un regalo sin que sea tu cumpleaños? Quizá es un día normal, pero si tus padres te traen un regalo a casa, eso es algo que te hace sentir muy bien. Los regalos sorpresa pueden ser los mejores regalos.

¿Cuándo fue la última vez que sorprendiste a Dios tan solo diciéndole que lo amas? A Él también le gusta mucho recibir regalos especiales. Tu regalo para Dios es un simple gracias, o un "Te amo sin más razón".

Dios, hoy quiero decirte que te amo. Sé que eres un Dios maravilloso y quiero que sientas que te amo.

El regalo

Cuando la gente trabaja, el salario que recibe no es un regalo sino algo que se ha ganado; pero la gente no es considerada justa por sus acciones sino por su fe en Dios, quien perdona a los pecadores.

ROMANOS 4:4-5

¿Has pensado en qué te gustaría trabajar cuando seas mayor? ¿Quizá como constructor, o enfermera? ¿Quieres trabajar en un banco, o con animales? Cuando trabajas duro en este mundo, te pagan por ello.

¡Jesús dice que su regalo es como dinero por el que no tuviste que trabajar! Él te dio perdón y vida eterna, y no tuviste que hacer nada para conseguirlo. Cuando crees en Jesús, tienes el mejor regalo posible.

Señor Jesús, muchas gracias por darme un regalo por el que ni siquiera tuve que trabajar. Ayúdame a seguir creyendo en ti.

Cuenta tu historia

Que lo digan los redimidos del Señor,
a quienes redimió del poder del adversario.
Salmos 107:2, NVI

¿Cuál es tu historia? ¿Dónde naciste? ¿Cuántas personas hay en tu familia? ¿Por qué crees en Jesús?

Desde el principio, Dios te tenía en mente. Él te planeó hasta el más mínimo detalle. Te ha amado eternamente. Tu historia sobre tu vida y sobre cómo llegaste a amar a Jesús realmente importa, ¡así que sé valiente y compártela!

Señor, a veces pienso que mi historia no es realmente importante, pero recuérdame que tengo una historia maravillosa que contar. Ayúdame a ser valiente para compartir mi historia sobre ti con otros.

He sido encontrado

"Alégrense conmigo; ya encontré la oveja que se me había perdido".
LUCAS 15:6, NVI

¡Uno se siente bien al encontrar algo que pensabas que habías perdido! Nos sentimos felices cuando encontramos algo aunque sea pequeño, como tu lapicero, tu libro, o tus lentes favoritas. Podría ser también algo más grande, como una mascota.

Un granjero se siente así cuando ha perdido un animal. En la Biblia, Jesús habló sobre un pastor que había perdido una oveja y fue a buscarla. Todos nos preocupamos de las cosas que son nuestras. Por eso Jesús dice que hace una celebración cuando va a buscar personas que lo aman y las encuentra, ¡aunque sea solo una!

Jesús, gracias porque viniste a buscarme. Te pertenezco y te preocupas por mí.

Jesús ayuda

El SEÑOR abre los ojos a los ciegos,
el SEÑOR levanta a los caídos,
el SEÑOR ama a los justos.
SALMOS 146:8, LBLA

Había muchas personas que necesitaban ayuda cuando Jesús estaba en la tierra. La gente necesitaba ser sanada de enfermedades, y los pobres necesitaban ayuda para vivir. Jesús tampoco se olvidó de las personas que estaban haciendo lo correcto. Él sabía que la vida podría ponerse difícil para quienes lo seguían.

¿Hay maneras en las que puedas ser como Jesús? ¿Puedes encontrar a alguien que esté enfermo y orar por él? ¿Puedes dar algo a alguien que no tenga mucho? Hay muchas personas que necesitan ayuda en nuestro mundo hoy, y nosotros tenemos algo muy especial que darles: el amor de Jesús.

Jesús, gracias por cuidar de todas las personas. Ayúdame a ver las necesidades en mi mundo y a ayudar donde pueda.

Amar a otros

No tengan deudas pendientes con nadie, a no ser la de amarse unos a otros. De hecho, quien ama al prójimo ha cumplido la ley.

ROMANOS 13:8, NVI

Jesús no tiene muchas reglas para nosotros. Él no nos hace pagarle a cambio, ni trabajar muy duro por cometer errores. Hay algo que Él piensa que necesitamos hacer. Tenemos que amar a otros.

Podría parecer una regla sencilla, pero cuando piensas en amar a personas que te han ofendido, o personas que no te caen bien, es ahí cuando la regla se pone más difícil. Jesús nos ama por encima de todo, y tenemos que aprender a mostrar amor a otros de cualquier forma que podamos.

Jesús, me sorprendes con el amor con que me amas. Ayúdame a amar a otros todo el tiempo.

Él regresará

El Señor no tarda en cumplir su promesa, según entienden algunos la tardanza. Más bien, él tiene paciencia con ustedes, porque no quiere que nadie perezca, sino que todos se arrepientan.

2 PEDRO 3:9, NVI

Cuando tus padres salen a cenar, quizá te dejan con una cuidadora, o quizá con tus abuelos. Están fuera un ratito, pero siempre regresan.

Jesús regresará un día a la tierra. ¡Él prometió que lo haría! Puede que se nos haga muy largo mientras esperamos que regrese, pero a pesar de ello tenemos que seguir creyendo que lo hará porque Él siempre cumple sus promesas.

Jesús, gracias porque un día regresarás. Ayúdame a ser alguien que comparte tu esperanza con otros.

Nada puede detenerlo

Pues estoy convencido de que ni la muerte ni la vida, ni los ángeles ni los demonios, ni lo presente ni lo por venir, ni los poderes, ni lo alto ni lo profundo, ni cosa alguna en toda la creación podrá apartarnos del amor que Dios nos ha manifestado en Cristo Jesús nuestro Señor.

ROMANOS 8:38-39, NVI

Nuestra amistad con Jesucristo es para siempre. Quizá acabas de empezar a conocer a Jesús, o quizá ya eres amigo suyo desde que eras un bebé. No importa desde cuándo lo conoces, ¡porque Él te va a amar para siempre!

Jesús no es exactamente como los amigos que tienes ahora. Él no se enoja contigo. Él no escoge a otros amigos y te excluye. Él no te da órdenes. Tan solo te ama, ¡y nada va a detener su amor!

¡Jesús, gracias porque me amarás para siempre!

Amor correspondido

A los que me aman, les correspondo;
a los que me buscan, me doy a conocer.
PROVERBIOS 8:17, NVI

Cuando has estado en una pelea y te vas a otro lugar diferente, como tu cuarto o el otro lado del parque, tu amigo, o tu hermano o tu hermana quizá trata de ir a buscarte para arreglar las cosas. Cuando las personas van a buscarte, sientes que realmente les importas.

Jesús quiere que lo encontremos. Él nunca se esconde, pero quiere que vayas a Él y arregles las cosas. Él siempre está listo para perdonarte y te dirá que nunca ha dejado de amarte.

Jesús, ayúdame a buscarte siempre donde estás. Sé que estás cerca, pero sé que quieres que vaya y pase tiempo contigo.

Sus riquezas

Y este mismo Dios quien me cuida suplirá todo lo que necesiten, de las gloriosas riquezas que nos ha dado por medio de Cristo Jesús.

FILIPENSES 4:19

Dios siempre es capaz de darte lo que necesitas. A veces quizá sentimos que no merecemos cosas de Dios. A veces nos damos cuenta de que nos cuesta trabajo confiar, y nos preocupamos por nuestras necesidades.

La buena noticia es que Jesús dijo que puedes acercarte a Él y pedir lo que necesitas en cualquier momento. Eres un hijo del rey y Él te ofrece sus riquezas. Lo único que tienes que hacer es amarle, pedirle y confiar en su bondad. Él promete que cuidará de ti.

Dios, tú eres muy bueno. Gracias porque tú quieres cuidar de mí.

DICIEMBRE 13

Demuestra amor

Si se aman de verdad, entonces todos sabrán que ustedes son mis seguidores.

JUAN 13:35, TLA

¿Qué te hace darte cuenta de que eres amado? ¿Es un abrazo, o una sonrisa dirigida solamente a ti? A veces recibimos una nota agradable, o palabras amables. Quizá recuerdas alguna vez en la que te caíste y alguien te ayudó a levantarte, o te llevó con un adulto para que se ocupara de ti.

Hay cientos de maneras de demostrar amor. Dios dijo que, si demostramos amor unos con otros, la gente lo notará. Es muy bueno que la gente note tu bondad porque es así como las personas empiezan a creer que Dios es bueno.

Dios, quiero que me conozcan como tu seguidor. Enséñame a amar como tú para poder demostrar tu amor a los que me rodean.

Pelear a tu lado

Pero el Señor es fiel; él los fortalecerá y los protegerá del maligno.
2 Tesalonicenses 3:3

Los amigos fieles siempre te defienden. Un perro fiel siempre está cerquita, a tu lado. Dios es fiel. Él nunca se irá de tu lado. Incluso aunque te parezca que estás en medio de una batalla, Él estará ahí mismo, peleando contigo.

Si sientes que las personas siempre están diciendo cosas malas sobre ti, Dios te recordará lo que le encanta de ti. Si sientes que a nadie le importas, Dios te recordará que a Él sí le importas. Él siempre te ayudará a encontrar alegría y paz en tu vida.

Dios, me siento más fuerte al saber que estás a mi lado. Por favor, dame paz y alegría cuando me sienta decaído.

Lleno de amor

Sácianos de tu amor por la mañana,
y toda nuestra vida cantaremos de alegría.
SALMOS 90:14, NVI

¿Sabes cuando has comido tanto que sientes que ya no puedes dar ni un bocado más? Quizá había una comida muy rica y comiste tanto que sentías que ibas a explotar. Pero después llega el helado, y piensas que quizá tienes espacio suficiente para comer un poco más.

El amor de Dios puede llenarnos hasta el borde, y justo cuando pensamos que ya tenemos suficiente, Él nos da aún más. Llénate siempre de su amor para que siempre estés preparado para compartirlo.

Señor, mi corazón está lleno de tu amor, pero siempre quiero más. Ayúdame a compartir este amor con mis amigos, mis familiares, y otras personas en mi vida.

Gran amor

Tan grande es su amor por los que le temen como alto es el cielo sobre la tierra.

Salmos 103:11, NVI

¿Sabías que la aeronave más rápida tardaría casi diez años en llegar a Plutón (es el planeta conocido que está más lejos del Sol)? Eso está muy lejos, y es solo un planeta. El universo de Dios es mucho más grande, ¡y así de grande nos dice la Biblia que es su amor por nosotros!

Él es un Dios grande y maravilloso. Él es grande en todo lo que ha creado, pero también es grande en lo mucho que te ama.

Dios Padre, ¡eres asombroso! Cuando pienso en todo lo que has creado, estoy muy agradecido de que hayas escogido amarme.

Mi rey

Sus ojos verán al rey en todo su esplendor, y verán una tierra que se pierde en la distancia.

Isaías 33:17

No vemos a muchos reyes en nuestros días, pero probablemente hayas oído muchas historias sobre ellos. Los reyes poseían toda la tierra que les rodeaba y tenían todo el poder sobre las personas. Vivían en grandes castillos y tenían todas las riquezas que pudieran imaginar.

Las personas de la Biblia realmente querían tener un rey. Querían a alguien que reinara sobre ellos de una manera buena y justa. Querían a alguien que les protegiera de sus enemigos y les produjera alegría y paz. Estas personas finalmente vieron su deseo cumplido. Dios envió a Jesús para que fuera el rey de todos. Él es el rey que, un día, por fin llegarás a ver.

Gracias, porque veré tu cara un día y caminaré contigo en tu reino.

Habla con Jesús

*Gracias a Cristo y a nuestra fe en él,
podemos entrar en la presencia de Dios
con toda libertad y confianza.*
EFESIOS 3:12

¿Crees que un bebé o un niño pequeño sabe la diferencia entre un hombre normal y un rey? ¡Probablemente no! Un niño pequeño les hablará igual a los dos. ¿Acaso no sería divertido ver a un niño pequeño sacarle la lengua a un rey o una reina?

Jesús dijo que podemos acercarnos a Él como niños pequeños. Eso significa que no tenemos que tener miedo de Él, o preocuparnos de lo que pensará de nosotros. Podemos ser nosotros mismos. Sé valiente, ¡y ve a hablar con Jesús sobre cualquier cosa!

Jesús, vengo a ti ahora y te pido que cuides de mí. Estoy muy contento de que me oigas y me respondas.

Encontrado en un desierto

Él lo encontró en un desierto,
en un páramo vacío y ventoso.
Lo rodeó y lo cuidó; lo protegió
como a sus propios ojos.
DEUTERONOMIO 32:10

En la Biblia, el pueblo de Dios (los israelitas) pasó mucho tiempo vagando por el desierto, esperando ser guiados a la tierra prometida. El desierto no es un lugar muy bonito donde vivir. Hace mucho calor y sequedad, y no hay comida ni agua. Aunque en cierto modo fue culpa de ellos el hecho de estar ahí, Dios fue y encontró a los israelitas y cuidó de ellos. Finalmente, fueron capaces de llegar a la tierra prometida.

A veces tienes que esperar a Dios. Quizá te sientes perdido y solo, pero Dios te encontrará y te sacará de un lugar malo para llevarte a otro mucho mejor.

Gracias, Padre, porque tú me encontrarás si alguna vez me pierdo. Ayúdame a confiar en que tú me amas.

Lágrimas recogidas

Lleva la cuenta de mis lamentos. Has recogido todas mis lágrimas y las has guardado en un frasco. Has anotado cada una de ellas en tu libro.

SALMOS 56:8, NBV

No tengas miedo de acudir a Dios con tus preocupaciones. Comparte con Él los sentimientos más profundos de tu corazón sin retenerlos. En su presencia encontrarás consuelo, esperanza, compasión, y más amor del que puedes imaginar.

Dios anhela consolarnos: acariciar nuestro cabello, limpiar nuestras lágrimas, y sostenernos en sus brazos. Él cuenta las noches en las que tenemos pesadillas; Él recoge nuestras lágrimas. Dios no está lejos cuando estamos tristes, sino más cerca que nunca.

Gracias, Jesús, por sostenerme en mi tristeza. Necesito tu fuerza incluso más en esos momentos. Por favor, mantente cerca de mí y dame tu consuelo.

El regalo de la paz

«Gloria a Dios en las alturas,
y paz en la tierra para los que gozan
de su buena voluntad».
LUCAS 2:14, NBV

Los árboles de Navidad no aparecen en la Biblia, pero hacen recordar a los cristianos un árbol aún más precioso: la cruz. Jesús vino a nosotros para dar paz a su pueblo a través de la cruz.

Jesús tenía la misión de rescatarnos de cada pensamiento, palabra o acción que no se correspondiera con la bondad de Dios. Él llevó todos esos malos pensamientos con Él a la cruz y se deshizo de ellos para siempre. Jesús abrió un camino para que la bondad regresara al corazón humano. Nuestros corazones, llenos de paz, son un regalo de Navidad para que cada uno de nosotros pueda abrirlo cada día.

Padre, gracias por el regalo de la paz que puedo tener cuando decido creer en ti.

El regalo de la alegría

Así como el Padre me ama a mí, así también yo los amo a ustedes. No se aparten de mi amor. Si obedecen mis mandamientos, no se apartarán de mi amor, así como yo obedezco los mandamientos de mi Padre y su amor no se aparta de mí. Les digo esto para que también tengan mi alegría y así su alegría sea completa.

JUAN 15:9-11, NBV

La alegría llega a nuestra vida cuando seguimos las direcciones de Dios. Dios nos recompensa con mucho amor. Al permanecer en este amor, nos llenamos de una alegría que podemos compartir con las personas que nos rodean.

¿Puedes pensar en alguien que necesite más alegría en su vida? Los días antes de Navidad pueden ser divertidos, pero también pueden ser estresantes para los adultos. Quizá puedes ayudarles siendo una persona alegre cuando estés con ellos.

Gracias, Señor, porque tu amor me da alegría. Ayúdame a compartir mi alegría con los que me rodean.

DICIEMBRE 23

El regalo de la caridad

Pero si alguien está bien económicamente y no ayuda a su hermano que está en necesidad, ¿cómo puede haber amor de Dios en él? Hijitos míos, que nuestro amor no sea sólo de palabra ni de labios para afuera, sino que amemos de veras y demostrémoslo con hechos.

1 Juan 3:17-18, NBV

La época de Navidad está llena de oportunidades para dar. ¿Has visto personas fuera de las tiendas con cubos para recolectar dinero? Muchas tiendas te dejan comprar regalos para niños que no recibirían regalos porque sus familias no tienen mucho dinero.

La Navidad es un tiempo para estar muy agradecido por lo que tienes, y después para pensar en lo que otras personas quizá necesitan. Acuérdate de compartir tu amor, tu tiempo y tus regalos con otros.

Dios, muéstrame a las personas de mi alrededor que necesitan una ayuda extra. Permíteme mostrarles caridad de alguna manera.

El regalo de la fidelidad

Yo te he glorificado en la tierra, y he llevado a cabo la obra que me encomendaste.

JUAN 17:4, NVI

¿Sabes cuando te han pedido que hagas una tarea, como tus deberes, o limpiar los platos? Te sientes bien al terminar algo que sabías que te tocaba hacer. La fidelidad tiene que ver con hacer lo que dijiste que ibas a hacer.

Jesús también tuvo que ser fiel. Ir a la cruz no era una cosa fácil para Él de terminar, pero sabía que era el plan de Dios. Por lo tanto, terminó la tarea que Dios le había dado. Por su fidelidad, ahora nosotros tenemos vida eterna en Él.

Jesús, muchas gracias por terminar el trabajo que tenías que hacer en la cruz. Tu fidelidad es un regalo para mí.

DICIEMBRE 25

¡Buenas noticias!

Fueron de prisa y encontraron a María y a José, y al niño acostado en el pesebre. Cuando lo vieron, contaron lo que les habían dicho acerca del niño. Todos los que oyeron se quedaron asombrados de lo que decían los pastores.

LUCAS 2:16-18, NBV

Cuando les dijeron a los pastores sobre Jesús, ¡corrieron a Él! Corrieron todo lo rápido que pudieron, Fueron a Belén y a su establo para verlo. Después de haber visto al bebé, supieron que era el salvador del mundo, ¡y fueron a contárselo a todos!

¿No te parece sorprendente que Dios escogiera a personas comunes y corrientes para difundir su mensaje? ¡Deberíamos estar agradecidos por eso! ¡Aleluya! ¡Cristo ha venido! Díselo a tus amigos. Díselo a tus vecinos. Díselo a todas las personas que veas: Jesús es el Señor, ¡y ha venido para darnos vida!

Señor Jesús, gracias por venir a darle a todo el mundo nueva vida. Hablaré de tu bondad mientras viva.

Cada detalle

El Señor afirma los pasos del hombre
cuando le agrada su modo de vivir;
podrá tropezar, pero no caerá,
porque el Señor lo sostiene de la mano.

Salmos 37:23-24, NVI

¡El día después de Navidad es muy emocionante! Puedes jugar con todas las cosas nuevas y disfrutar de los regalos que te han dado. Cuando consigues algo nuevo, juegas mucho con ello y aprendes cada uno de sus detalles.

Jesús se emociona contigo todo el tiempo. Él no solo se interesa por las cosas grandes, sino también se interesa por los detalles. Se preocupa cuando tomas una buena decisión, cuando estás triste, y cuando te caes. Él dice que te toma de la mano y te vuelve a levantar.

Gracias, Jesús, porque te emocionas conmigo. Ayúdame a escucharte y saber cómo seguirte.

Un abrigo de Dios

Y ponerse el ropaje de la nueva naturaleza, creada a imagen de Dios, en verdadera justicia y santidad.

EFESIOS 4:24, NVI

Tienes que decidir qué ponerte la mayoría de los días mirando el tiempo que hace en la calle. ¿Hace frío, llueve, hace calor, viento? Tenemos ropa casi para cada tipo de clima. No te pondrías un chubasquero un día que hace mucho sol. ¡No te pones una camiseta si está nevando!

Cuando Dios nos dio una nueva vida en Él, dijo que podemos ponérnosla como si fuera un abrigo. Podemos despertar cada mañana, decidir que queremos ser como Dios, y recordar en nuestro corazón y en nuestra mente ser veraces y justos.

Jesús, gracias por ser veraz y justo. Ayúdame a despertar cada mañana, ¡y decidir ponerme mi abrigo de Dios!

Mostrar bondad

«¿Hay alguien de la familia de Saúl que aún siga con vida, alguien a quien pueda mostrarle bondad por amor a Jonatán?».

2 Samuel 9:1

Cuando conoces al hermano o la hermana de tu amigo, a su papá o a su mamá, sabes que debes ser amable y educado porque quieres hacer lo correcto con tu amigo.

El rey David hizo eso en la Biblia. Él amaba tanto a su amigo Jonatán, que preguntó si quedaba alguien más con quien pudiera ser bueno, porque quería agradar a Jonatán. ¿Qué sucedería si hicieras tú esa pregunta? ¿Hay alguien a quien puedas mostrarle bondad hoy?

Señor, recuérdame preguntar a quién puedo mostrar bondad. Ayúdame a escuchar tu voz y a ser un gran amigo con otros.

Él me bendice

¡Alabado sea el Señor!
¡Qué felices son los que temen al Señor
y se deleitan en obedecer sus mandatos!
Salmos 112:1

Las bendiciones de Dios son regalos que Él nos da porque nos ama. Cuando lo respetas a Él, y decides aceptar su amor, querrás obedecerlo con tu corazón.

El Señor quiere bendecirte para que puedas bendecir a otros. Camina cerca de Dios para que no pierdas la ocasión de bendecir a los que están cerca de ti.

Señor, gracias que me das bendiciones porque quiero agradarte. Ayúdame a compartir esas bendiciones con otros.

Mantenernos fuertes

"No solo de pan vive el hombre, sino de toda palabra que sale de la boca de Dios".

MATEO 4:4, NVI

¿Conoces la historia de cuando Jesús fue tentado por el diablo? Jesús había ido al desierto por cuarenta días y decidió no comer nada durante ese tiempo. ¡Debía sentirse bastante débil! Al final de ese tiempo, Satanás llegó para tentarlo. Le ofreció todo el mundo si Jesús convertía una piedra en pan. Pero Jesús sabía lo que pretendía Satanás, que era alejar a Jesús de su misión.

Jesús usó las palabras de Dios para derrotar a Satanás. Eso es exactamente lo que podemos hacer cuando seamos tentados a hacer el mal. Lee tu Biblia y ora. Llénate de las palabras de Dios, ¡para que puedas estar fuerte!

Padre, gracias porque me has dado tus palabras. Ayúdame a leer y escuchar esas palabra para poder mantenerme fuerte contra el enemigo.

DICIEMBRE 31

Vuelve pronto

Estén siempre llenos de alegría en el Señor. Lo repito, ¡alégrense! Que todo el mundo vea que son considerados en todo lo que hacen. Recuerden que el Señor vuelve pronto. No se preocupen por nada; en cambio, oren por todo. Díganle a Dios lo que necesitan y denle gracias por todo lo que él ha hecho.

FILIPENSES 4:4-6

¿Te gusta cuando algunos amigos o familiares llegan a tu casa? Es emocionante prepararte para su llegada. Quizá ordenas tu cuarto o ayudas a tus padres a preparar la comida. Quizá preparas un juego también.

Tenemos la promesa de que Jesús volverá un día. ¡Eso debería llenarnos de alegría y emoción! Mientras esperas, recuerda que hay cosas que hacer. Sé bueno con las personas. Muestra el amor de Dios a otros. Ora por todo. ¡Prepárate para la venida de Jesús!

Dios, estoy muy agradecido porque prometiste volver. Ayúdame a no preocuparme por cómo va a suceder todo, sino a orar por todas las cosas.